本书系宝鸡文理学院中国语言文学国家一级学科点专项经费资助出版

诗韵探新文集

李慎行 著

中国社会科学出版社

图书在版编目(CIP)数据

诗韵探新文集/李慎行著. —北京：中国社会科学出版社，2019.9
ISBN 978-7-5203-4865-2

Ⅰ.①诗… Ⅱ.①李… Ⅲ.①音韵学—文集 Ⅳ.①H014-53

中国版本图书馆 CIP 数据核字(2019)第 178145 号

出 版 人	赵剑英
责任编辑	熊 瑞
责任校对	夏慧萍
责任印制	戴 宽

出 版	中国社会科学出版社
社 址	北京鼓楼西大街甲 158 号
邮 编	100720
网 址	http://www.csspw.cn
发 行 部	010-84083685
门 市 部	010-84029450
经 销	新华书店及其他书店

印 刷	北京明恒达印务有限公司
装 订	廊坊市广阳区广增装订厂
版 次	2019 年 9 月第 1 版
印 次	2019 年 9 月第 1 次印刷

开 本	710×1000 1/16
印 张	14
插 页	2
字 数	165 千字
定 价	69.00 元

凡购买中国社会科学出版社图书，如有质量问题请与本社营销中心联系调换
电话：010-84083683
版权所有　侵权必究

目 录

自序 …………………………………………………（1）

诗韵概说与渊源 ……………………………………（1）

诗韵的延伸与变革 …………………………………（16）

诗韵的发展与改革 …………………………………（26）

论诗韵及其改革 ……………………………………（41）

论新诗韵九道辙的科学性与可行性 ………………（52）

九道辙无入声,便利吟诗人 ………………………（62）

律诗用韵有讲究　削足适履人不为

　　——从杜甫《登高》和毛泽东的三首七律看诗韵

　　要与时俱进 ……………………………………（73）

解析毛泽东三首五律,从对押韵平仄处置中悟

　　改革与创新 ……………………………………（77）

正确理解入派三声,逐个认识现代读平声的旧入声字

　　对北方人学律诗很有实用价值 ………………（89）

诗韵改革　力度要大

　　——初评《中华新韵(十四韵)》 …………………（94）

诗韵改革的力度拿什么去衡量？

　　——二评《中华新韵(十四韵)》 ………………（103）

诗韵改革要再上新台阶

　　——《中华新韵(十四韵)》的"文""庚"应该合并 ……（112）

续《诗韵改革要再上新台阶》

　　——《中华新韵(十四韵)》的"波""皆"应该并合 ……（122）

创新寓协调　通押现包容

　　——《中华新韵(十四韵)》的"尤""姑"应该并合 ……（139）

"诗"辙为什么有如此大的包容性？

　　——《中华新韵(十四韵)》的"齐""支""微"

　　　　应该并合（一） ………………………………（151）

鉴赏诗词点评、返观新韵包容

　　——《中华新韵(十四韵)》的"齐""支""微"

　　　　应该并合（二） ………………………………（157）

"九道辙"概括尽诗韵通押现象吗？

　　——分韵辙的建立和探讨 ………………………（171）

比较改革新韵书　回眸诗韵演进史

　　——"九道辙"和《中华新韵》等新韵的比较 ………（195）

莫忘党恩良师友　惜时自励勤奋蹄(后记) ……………（211）

自　序

　　80岁已过，本该颐养天年，为什么还拖着病体——2011年糖尿病并发白内障，视力降至0.02，0.04——，戴400多度老花镜再加十倍放大镜，趴桌子上校对文稿，写写停停，坚持要出这个小册子？到底为什么？

　　诗韵改革在路上，生命不息，探新不止。

　　2005年5月，中华诗词编辑部颁布了《中华新韵（十四韵）》征求意见稿。我写了几篇评论，建议该书几个韵可以通押并合，结果毫无反响。2011年《中华新韵（十四韵）》由中华书局正式出版。我人微言轻，没有反响也很自然。世人迟早会知道："十四韵"新诗韵再上新台阶还是有改进空间的。愚者千虑总有一得吧！我将20多年诗韵改革探新的见解想法一股脑儿倒出来，一吐为快，也许对诗韵改革有所促进呢！

　　我是一名教师，在多年的古代汉语音韵学教学研修中，深切地感到：要使音韵学这门学科不成为绝学，就得在古为今用上下功夫。遂渐渐地萌发了诗韵改革的念头。恰好1985年恩师高元白先生赠我《新诗韵十道辙儿》一书，我认真研读写出心得。1992

年，我在山东威海举办的中国音韵学第七次年会暨国际学术研讨会上提交了《诗韵的起源、发展和改革》一文，并第一次提出了"九道辙"的主张，后来陆续写了十多篇小文。1996年将文章汇聚成《诗韵探新》一书，意图是运用传统音韵学和现代语音学原理探索诗韵改革。前三章宏观论述诗韵的意义、作用、渊源、变革、发展和改革，为"九道辙"新韵出台蓄势；第四章集中论证新诗韵"九道辙"的科学性与可行性，由于是在黎锦熙、高元白先生的诗韵改革理论指导下和实践基础上的收获，故用"黎高新韵"的科学性与可行性为题。分9节详细论证"发""来""高""战""唱""斗""乐""风""诗"九道辙的科学可行及关于新诗韵的共识，重点阐述合并高氏"写"辙与"歌"辙，取消"写歌"分韵辙，建立"乐"辙的道理。正面论述诗韵改革和"九道辙"主张，就到此为止。2005年5月出版"九道辙"新韵书。

《中华新韵（十四韵）》出版后，我断断续续地写了10篇文章，评"十四韵"，证"九道辙"。因为"十四韵"是从《诗韵新编》即《中华新韵》十八韵部演变而来。两部韵书的麻、开、豪、寒、唐和"九道辙"的"发""来""高""战""唱"五个专押的单一韵辙叫法不同，但实质一样，故略而不提。着重论证"十四韵"的文、庚（十八韵的痕、庚、东）并合为"风"辙；尤、姑（十八韵的侯、模）并合为"斗"辙；波、皆（十八韵的波、歌、皆）并合为"乐"辙；支、齐、微（十八韵的支、齐、鱼、儿、微）并合为"诗"辙。又将"十四韵"和"十八韵"的支韵分为思、识两韵，从而变"十四韵"的十四韵部（《诗韵新编》的十八韵部）为19个韵目。这样，既满足了群众作诗用韵求宽松简约的愿望，又兼顾了专家析韵音典求细致严密的要求。《诗韵探新文集》最后将"十四韵"和"九道辙"做一比较，阐明通押并韵是诗韵发展改革的内在规律和灵魂，讲了些道理。

《诗韵探新文集》还穿插了对毛泽东三首五律和三首七律用韵的评析，认读入声字的意义，"九道辙"无入声照讲平仄等，谈了些看法。文集末尾谈了"铭记传承学统，携手共建新韵"的愿望，并附列友声评议供参照。列出"九道辙"与"十四韵"等新韵书对照表和"九道辙"韵目索引，为有兴趣者查阅提供方便。

结集论文独立成篇，难免有观点和用例重复。为保留原文，以时间为序，也就不再删减改动了。这本文集也可算作我20多年研讨诗韵的足迹吧！

学术研讨贯彻"百家争鸣"的方针，真理面前人人平等。我以为"十四韵"要再上新台阶，就得承认通押并韵的科学可行性。否则，势必将一批符合律诗绝句的诗排除在外。因为律绝偶句只押平声，且一韵到底，不许换韵，不许邻韵相押。而按"十四韵"都有邻韵相押之嫌。

人们作诗用旧诗韵、新诗韵、什么样的新诗韵，全凭个人自由选择，政府没有规定。这就为编写新韵书、百家出新提供了平台。韵书好比鞋子，人们穿着合脚、美观、舒适，就想买，不然徒做摆设也就失去了买家！

有人说，用新韵《中华新韵（十四韵）》就足够了，"九道辙"有点超前，也许以后能用得上。我不以为然。究竟是"九道辙"超前还是"十四韵"仍需修订？仅提供方家和广大诗人比较鉴别。大众、时间和实践将会做出公正的结论。兹为序。

李慎行

2017年10月

诗韵概说与渊源

考究诗韵，首先要弄清什么是诗韵？它的作用、价值何在？然后再考察它的渊源。本文分三部分论述。

一　诗韵概说

说诗韵得先说诗。诗是有韵的文体，无韵不成诗。有人批评一些不押韵的作品说："作诗不押韵，就是胡乱拼；句子随便列成行，实在糟蹋诗模样。"我国民间口头创作和流传的打油诗、顺口溜，都是押韵的，汉语诗歌、传统特点的继承和发展，于此可见一斑。

汉语的一大特点是音节分明，古代词语更是单音节占优势。而书写汉语的汉字也是一个汉字一个音节。一个音节又可分声、韵、调三个部分。古人把汉字前半的音叫声；后半的音叫韵，字音的高低升降变化叫调。于是，一个词，一个汉字，一个音节，按声韵调排列，就形成句末字音的协调铿锵、悦耳动听的艺术之美。由此可见，汉语诗韵的存在既是汉语诗歌传统特点的反映，也是汉语音节特点所独具的艺术之美的体现。

那么，什么是诗韵？诗韵有广义和狭义之分。广义的诗韵是指诗的声韵，诗的韵调，也就是作诗为了音调和谐，增强声律美的艺术效果，在应该用韵的地方，要用同一个韵部的字，即所谓"押韵"。由于用韵一般都在句末，故而又称"韵脚"。王力先生说："诗歌中的韵，和音乐中的再现颇有几分相像。同一个音（一般是元音，或者是元音后面再带辅音）在同一个位置上（一般是句尾）的重复，叫作韵。韵在诗歌中的效果，也是一种回环的美。"[①]

《诗经》、楚辞、汉赋、唐诗、宋词、元曲小令、戏剧等押韵各不相同。总的来说，古体诗用韵较宽，也较自由；近体诗是偶句用韵，大多押平声，且一韵到底，首句可押可不押。首句押韵者叫首句入韵，不押者叫首句不入韵。

所以，一切韵文如诗、词、曲、歌、赋，以至于戏剧的唱段，只要押韵，都在"诗韵"的研究之列。

狭义的"诗韵"是指旧体诗词用韵所依据的韵书。这种韵书实际上就是同音字典的前身，它是供作诗押韵检查方便而设立的专门字书。

在这里还要分清韵、韵母、韵部几个不同的概念。依据现代语音学分析，汉语每个汉字的音节可以分为声母、韵母、声调三个组成部分。声母与古代的"声"基本一致；声调与古代的"调"也大体相同，只不过古为平、上、去、入，今为阴平、阳平、上声、去声而已。至于韵母与韵差别就大了。韵母包括韵头（介音 i、u、ü）、韵腹（主要元音 a、o、e）和韵尾（元音 i、u、

[①] 王力：《略论语言形式美》，转引自高元白《新诗韵十道辙儿》，陕西人民出版社 1984 年版，第 192 页。

ü 和辅音 m、n、ng）；而韵只是指一个音节的韵腹和韵尾。古人把主要元音相同或元音带辅音韵尾相同的一组字归在一起，叫作一个"韵部"。当然那时并无元音辅音之说。古人把同韵的字归在一起用一个汉字来代表，属于同一韵部的字可以用来押韵。可见，韵和韵部是不包括韵头在内的。如"光"这个字的音节是由声母 g－（古人称"见"纽）和韵母－uang 组成。韵母 uang 又可分韵头－u－、韵腹－a－和辅音韵尾－ng 三个部分。单说"光"字的韵，就指的是韵腹和韵尾－ang，与韵头－u－无关。这样，与"光"可押的韵字有"阳""央""张""昌""仓""藏""床""汤""方""冈""荒""行""姜""康""狂""郎""良""氓""酿""滂""枪""壤""丧""霜""汪""相"等，这一组字叫一个韵部，用一个"阳"字作代表，叫"阳"部。

　　既然"韵在诗歌中的效果也是一种回环的美"，因此，作诗选韵就成为一种艺术的追求。诗歌要以情动人，以声感人，因此押韵和谐不可不求。自古及今，流传不衰的优秀诗文无一不是声情并茂的佳作。古人对韵的选择是有深刻理解的，很注意各韵声音色彩的不同，并利用它来为表达情感服务。周济在《宋四家词选目录叙论》中说："东真韵宽平，支先韵细腻，鱼歌韵缠绵，萧尤韵感慨。"王骥德在《曲律·杂论》中更说："凡曲之调声各不同，已备载前十七宫调下。至各韵为声亦不同。如东钟之洪，江阳、皆来、萧豪之响，歌戈、家麻之和，韵之最美听者。寒山、桓欢、先天之雅，庚耕之清，尤侯之幽，次之。齐微之弱，鱼模之混，真文之缓，车遮之用杂入声，又次之。支思之萎而不振，听之令人不爽。至侵寻、监咸、廉纤，勿多用可也。"周、王二人对各韵特点的概括不尽科学，但在一定角度上反映出前人对选韵的重视和理解，也不是全无道理的。

如《木兰辞》："归来见天子，天子坐明堂，策勋十二转，赏赐百千强。可汗问所欲，木兰不愿尚书郎。愿驰明驼千里足，送儿还故乡。"这是描写木兰替父从军凯旋回朝的情状。押阳韵，格调高昂、明快。而杜甫的《兵车行》："车辚辚，马萧萧，行人弓箭各在腰。爷娘妻子走相送，尘埃不见咸阳桥。牵衣顿足拦道哭，哭声直上干云霄。"描写被迫从军，骨肉别离的悲伤、抑郁场面，押萧韵。

同一首诗中，韵的改换也与情感变化密切相关。如韩愈《听颖师弹琴》："昵昵儿女语，恩怨相尔汝。划然变轩昂，勇士赴敌场。"这是描写琴声的诗句。开始琴声轻柔婉转，用上声语韵；后两句描写琴声变得激昂慷慨，韵部改换为平声阳韵。

可见，不容否认，声韵各有特点。但是把韵排出优劣，机械地区分什么韵适于表达什么样的情感，也不尽然。如李白的《静夜思》："床前明月光，疑是地上霜，举头望明月，低头思故乡。"忧伤的情调很浓，而全诗却用的是江阳韵。依王冀德之说，江阳韵为昂扬之响韵，而李白用它写幽思仍然是妙笔传神，脍炙人口。被王冀德贬斥为"萎而不振，听之令人不爽"的支思韵，只要善于运用，也可产生名篇佳作。如苏轼题在书画家惠崇"春江晚景"画上的七言绝句："竹外桃花三两枝，春江水暖鸭先知。蒌蒿满地芦芽短，正是河豚欲上时。"这样美妙的诗句，连牙牙学语的两岁孩童都广为背诵，用支思韵怎能就是"令人不爽"呢？还有以豪放称名于世的苏轼的《念奴娇·赤壁怀古》"大江东去，浪淘尽，千古风流人物。……"它的韵脚字"物""壁""雪""杰""发""灭""月"等为入声韵"物""锡""屑""月"通押，而并不是什么响亮的"萧豪""江阳"等韵。当代诗人郭小川在探索以古典诗歌和民歌为基础而发展的新诗方面取得了可贵的成果。他把古典诗词严谨丰富的结构,中国民歌健康、朴素、粗犷的表现手法和现实生活中生动简洁的群众语言熔铸在一起,别开生面,有所发现,有所创造,有所前进。他的佳作"林曲三唱"之一——《祝酒歌》①,共 27 节,都押的是"齐微"韵,读来朗朗上口,并不觉"弱",而是大有洒脱,爽快之感,说"齐微韵……又次之"显系不公。

由此看来,用什么韵不用什么韵完全取决于作者巧妙的构思。感情靠言辞表达,而不是靠用什么韵。任何韵都既可表示缠绵,又可表示感慨。诗人是根据形象思维而用韵的,并不是先选好韵再作诗的。不过有无韵脚也是诗歌区别于其他文体的一个标志。"无韵不成诗",这对古今诗歌的传统要求而言是一点也不过分的。

当然,诗歌创作与其他文艺创作一样要百花齐放,提倡不同风格流派争奇斗艳。现代诗歌除了所谓"朦胧"诗人及其追随者可以无视诗韵的作用外,一般诗歌的创作者与爱好者都有这样的共识:汉语诗歌是有声语言的记录符号,它不仅记录了诗人的思想情感,还记录了音韵之美。诗歌不可能变为线条、色彩等视觉艺术。诚然,吟诗需要激情,而诗韵的功能及其研究,绝不是"朦胧"诗人的什么"颤动的心灵"所能替代的。

二 诗韵的起源

恩格斯说:"语言是从劳动中并和劳动一起产生出来的。这个解释是唯一正确的解释。"② 既然人类有声语言是从劳动当中并和劳动一起产生出来的,作为有声语言表现形式之一的诗歌,自

---

① 郭小川:《郭小川诗选》,人民文学出版社 2004 年版,第 179—181 页。
② [德] 恩格斯:《自然辩证法》,人民出版社 1955 年版,第 134—141 页。

然也是最早从劳动当中并和劳动一起产生出来的。

可想而知，在原始社会里，舞蹈和歌唱产生于劳动的节奏和韵律。人们在劳动过程中常常不自觉地哼出与劳动节奏相协调的声音。如筑夯工人的唱和声，拉纤工人的吆喝声等，都是这种协调动作消除疲劳的自然反应。鲁迅在《门外文谈》中讲："我想，人类是在未有文字之前就有了创作的，可惜没有人记下，也没有法子记下。我们的祖先的原始人，原是连话也不会说的。为了共同劳作，必须发表意见，才渐渐地练出复杂的声音来。假如那时大家抬木头，都觉得吃力了，却想不到发表，其中有一个叫道'杭育杭育'，那么这就是创作，大家必要佩服应用的，这就等于出版。倘若用什么记号留下来，这就是文学；他当然就是作家，也是文学家，是'杭育杭育'派。"这段话虽然是鲁迅风趣的主观推想，但中肯地道出了诗歌起源于劳动的真理。

汉语诗歌一产生就具有音节和谐与押韵的优美特点。姑且不言节奏，仅就押韵来看，最早的两字一句的两言诗《弹歌》就是如此。试看："断竹，续竹，飞土，逐宍（肉）。"依据中国音韵学会会长唐作藩教授的《上古音手册》，"竹"为觉部，端纽，入声，"肉"为屋部，日纽，入声。① 觉部拟音为［uk］，屋部为［ok］，两部皆入声韵，收辅音韵尾［-k］。两部的韵腹［u］和［o］都是圆唇元音，只是口腔大小与舌位高低有点不同罢了，可以旁转而互押。②

还如四字一句的《诗经·周南·关雎》："关关雎鸠，在河之洲。窈窕淑女，君子好逑。参差荇菜，左右流之。窈窕淑女，

---

① 唐作藩：《上古音手册》，江苏人民出版社1982年版，第175页：竹——觉·端·入；第112页：肉——屋·日·入。

② "旁转"是指韵尾不变，韵腹相近而互转。

寤寐求之。求之不得，寤寐思服。悠哉悠哉，辗转反侧。参差荇菜，左右采之。窈窕淑女，琴瑟友之。参差荇菜，左右芼之。窈窕淑女，钟鼓乐之。"这首四言诗第一章四句押幽部〔u〕韵，其韵脚字为"洲""逑"。第二章八句，前四句"流""求"仍押幽部；后四句换韵，改押职部〔ək〕韵，其韵脚字"服""侧"皆入声。第三章八句，前四句分别为职部〔ək〕（"采"——职、清、上）和之部〔ə〕（"友"——之、匣、上）；后四句分别为宵部〔o〕（"芼"——宵、明、平）和药部〔ok〕（"乐"——药、来、入）。而职〔ək〕之〔ə〕，宵〔o〕药〔ok〕互押，都属阴入对转。①

在押韵中有合辙与不合辙之说。押韵合谐形成规律，犹如车轮碾过的痕迹，再次照痕迹碾过即为"合辙"，若出了轨迹就叫"不合辙"。《诗经》押韵合辙，楚辞也是这样。其实，上古的韵部就是根据《诗经》用韵，参考楚辞、《老子》等韵文和形声字归纳整理总结出来的。

综上所述，语言和诗歌都起源于劳动，伴随而生的"诗韵"自然也是从劳动当中并和劳动一起产生出来的。

三　诗韵的源流

狭义的"诗韵"既然是指旧体诗词用韵所依据的韵书，那么说"诗韵"脱胎于旧韵书，也就顺理成章了。旧韵书如何产生？它怎样发展为今天人们共同遵守的"诗韵"？这就有必要对韵书的产生和发展来做一个回顾。

人们写诗最初并没有什么韵书可遵循，只不过"诗言志，歌

---

① "对转"是指韵腹不变，韵尾的消失和添加。

咏言"而已。今天的打油诗、顺口溜的产生也不见得需要作者必须懂韵书。由今推古，道理也一样。由于汉语音节的特点，吟诗往往形成韵脚协调之美，这样久而久之，人们在该用韵的地方自然而然地用上音同音近的词语，求得上口、和谐。渐渐地形成了轨迹，叫"辙儿"。按轨迹押韵叫"合辙儿"，反之叫"出辙"。

为了满足诗文用韵"合辙"的需要，魏晋时代就有人把大量汉字按照反切①的同异分类编排起来。声、韵、调全同的字归在一起，这些同音字就是一个小韵。有了韵书，作诗选韵就方便多了。不过，古代的韵书并不完全代表当时的实际语音系统。由于我国封建统治的长期延续，汉语中言文脱节的现象也就跟着长期存在，韵书最多是汉语书面字音的总集。况且古人编纂的韵书不仅是为了作诗押韵的方便，也是为了注音和训释古书的需要。

最早的韵书当推魏代李登的《声类》，不过该书已经失传。从残存部分古籍中的一些反切和注解看来，它的注音释义和后代的韵书基本一致。

此后，晋代吕静写了《韵集》，南北朝沈约写了《四声谱》，隋代刘善经写了《四声指归》，可惜都已失传。

隋仁寿元年（601），陆法言伙同刘臻、颜之推、魏渊、卢思道、李若、萧该、辛道元、薛道衡八人在自己家讨论声韵，所谓"因论南北是非，古今通塞"，并且"烛下握笔""随口记之"，十数年后，法言"遂取诸家音韵，古今字书，以前所记者定之为

---

① "反切"是汉语的一种传统注音方法。它用两个汉字相切合，取上一字的声和下一字的韵与调拼合成一个字音。称为"××切"或"××反"。如"冬，都宗切"，即取都字的声母 d——和宗字的韵母——ōng 相拼，读 dōng。汉末已有反切。三国魏孙炎著《尔雅音义》，改变古人"读若某""读与某同"的直音方法，采行反切。自梵文输入我国，因汉字为三十六字母用于反切，于是越发精密。但由于古今字音变化，用现代读音有时切不出正确的字音。

《切韵》五卷"①。

　　《切韵》的编纂，集以前各种韵书之大成。它基本上以当时的读书音为主要依据，兼收其他重要方言的某些音类，参合六朝以来各家韵书的反切，定出了大体上反映当时实际的音韵系统。其体例是：把同音的字排在一起，用反切注明读音，按平上去入四声分卷，因平声字较多，又把它分为两卷。《切韵》共收字11300个（姜亮夫《切韵系统》），分隶193韵。由于它在音系撰作上采取了"酌古沿今"的态度，博采诸家韵书之长，基本上忠实地记录了当时读书音的系统，因此被升为承先启后的权威之著。可惜至今散佚，仅存陆法言的《切韵·序》和敦煌出土的残卷。

　　唐朝确立了考试取士的制度，进士科尤其重要。考试的科目是文章诗赋。中唐以后，中央宰相大臣和地方官员很多是进士出身。朝廷上，臣僚对皇帝要"应制"唱和②，士大夫间也经常赋诗酬唱，作诗成了知识分子不可缺少的本领。当时都用律诗，讲究平仄对仗，对于押韵字就更为重视。人们在《切韵》基础上加以增补刊削，编为新的韵书。唐代著名的韵书是王仁煦的《刊谬补缺切韵》和孙愐刊定《切韵》而成的《唐韵》，以及李舟的《切韵》。可惜这些韵书大部分已经失传。

　　宋太宗祥符元年（1008），皇帝命陈彭年、丘雍等人重新修订《切韵》和《唐韵》，写成《大宋重修广韵》，简称《广韵》。从此，我国第一部官修的韵书诞生。直至今天，它仍被列为韵书之首。黄侃先生说："音韵之学以《广韵》为准极。"道出了人们

---

① 见《切韵·序》。
② "应制"犹"应诏"，旧指奉皇帝之命而写作诗文。

的共识。

的确,《广韵》汇集了六朝至唐宋以来各家韵书的成就,它兼顾了古音和方音,不代表当时的实际语音系统,是研究六朝、唐宋韵文韵律的主要参考资料,上溯考求《诗经》、楚辞和汉魏诗歌的用韵情况,也是以它为范本加以比较的。此外,有关现代汉语的方言分合演变也是以它为根据,找出其发展演化的规律。它在审定古今字音变化上,功不可没。

《广韵》还是宋代的一部实用字典。它是审音与释义并重,既方便作诗押韵,又能解文释字,可以称作是按韵部归字的同音字典。《广韵》里又转引了许多古书的训释,是校刊辑佚古书的宝库。它可以作为古字典使用,每字先释义,后注反切,同纽的字只给首字注音,异读的音分别注明,异体字列在正体之后……周祖谟先生说:"《广韵》虽为韵书,实兼字书,乃古今文字音韵训诂的总汇。"这的确是中肯之论。

《广韵》在体例上主要是依据《切韵》。它继承了《切韵》"以审音为主",兼顾古音与方音的精神,分韵特别细密,共206韵(《切韵》为193;《唐韵》为195),再按声分3700多纽[①],同纽的字就是声调全同的一组同音字群。全书共收字26194个,比《切韵》多14000余字。《广韵》把206韵按平、上、去、入四声再加以划分:平声57韵,因字数多,分上下两卷,韵次不相连贯,上平28韵,下平29韵,上声55韵,去声60韵,入声34韵,合计206韵。如果不计声调,举平以赅上去,把平声的57韵和4个独立的去声韵加在一起,共61个韵类。这61个韵类按照韵尾的不同,分为阴声韵和阳声韵两大类。凡以元音收尾或没有

---

① "纽"即声母,为汉字音节开头的音,多为辅音充当。

韵尾的韵称为阴声韵，凡以鼻音收尾的韵称为阳声韵。阴声韵和阳声韵称为舒声。入声韵是以辅音韵尾收尾，其音短促故为促声。阴声韵有"支""脂""之""微""鱼""虞""模""齐""佳""皆""灰""萧""宵""豪""歌""戈""麻""尤""侯""幽""祭""泰""废"23类；阳声韵有收[-m]尾的"侵""覃""谈""盐""添""咸""衔""严""凡"9类，收[-n]尾的"真""谆""臻""文""欣""元""魂""痕""寒""桓""删""山""先""仙"14类，收[-ŋ]尾的"东""冬""钟""江""阳""唐""庚""耕""清""青""蒸""登"12类，共35类；入声韵与阳声韵相配，其中收[-p]尾的与收[-m]尾的相配，也是9类，为"缉""合""盍""叶""帖""洽""狎""业""乏"；收[-t]尾的与收[-n]尾的相配，本应为14类，因和阳声痕韵字相配的入声字太少，只有"麧""紇""䎣""齕""淈"5个字，一个小韵，附在没韵之中，故少了一类，为13类，"质""术""栉""物""迄""月""没""末""曷""镈""黠""屑""薛"；收[-k]尾的与[-ŋ]尾的相配，也是12，"屋""沃""烛""觉""药""铎""陌""麦""昔""锡""耿""德"。这样一来，就使206韵形成了一个整齐的局面。《广韵》206韵有1200多个反切下字，清人陈澧系联了310类，后来又有系联320多类的。若举平以赅上去，则有舒声91类（阴声韵40类，阳声韵51类），促声50类，共141类。这141类反切下字，实际上就是141类韵母。

《广韵》作为官修的韵书，由于韵繁而窄，士子作起试帖诗来"苦其苛细"，文人写诗用韵也甚觉麻烦。最早唐初礼部尚书许敬宗奏准邻韵可以合用，即一些音近韵部可以通融使用，叫作"同用"，不能通融使用的叫作"独用"，这样就放宽了尺度。不过现存《广韵》各本所注"独用""同用"都经过后人窜改，互有参差。经过清人戴震考定，现在《广韵》206个韵目中，不能"同用"的有43个，其他163个都可"同用"。这就是戴震所著《考定广韵独用、同用四声表》。

　　《广韵》颁布以后，一般科举应试，审音辨韵都用它作标准。尽管在科举时有"同用"功令的颁布，但仍失于过繁。于是宋皇帝曾命丁度、贾昌朝、宋祁、王洙、郑戬、李淑等人对《广韵》加以改定，两年后就出现了《集韵》。

　　《集韵》成书于宋宝元二年（1039），晚于《广韵》31年。全书共收字53525个，分为十类，相当于《广韵》的一倍。它广收异体字，没有索引，按韵编排，平声分为四卷，上去入三声各为两卷。韵母与《广韵》相同，但重新制定了不少反切，还改变了《广韵》不少的类隔切为音和切[①]，使所用的反切更接近同时代的读音。它作为研究宋代的语音、词义的资料，有重要的参考价值，作为工具书也有一定的作用。综合《广韵》《集韵》所标注的"同用"例，206韵可以并成109韵。不过士人作诗，仍苦其苛繁。

　　比《广韵》《集韵》更受作诗应制的士人欢迎的是删去大量冷僻字的《广韵》的略本——《礼部韵略》（简称《韵略》或《礼韵》）。清人邵长蘅在《韵略·叙录》中说："《礼部韵略》五卷……当时虽有《广韵》《集韵》二书，不甚通行。盖《广韵》多奇字，《集韵》苦浩繁也。《礼韵》虽专为科举设……字既简约，义多雅训，学士欣然宗之。"早在宋代初年，与审定《切

---

① "类隔切"是指被切字和反切上字不同类；"音和切"是指被切字和反切上字同类。如"胀，知丈切"是音和切；"胀，丁丈切"为类隔切。其实所谓类隔是今人看到的历史反切现象，早期古人看它还是音和切。

韵》，改撰《广韵》的同时，就颁行有《韵略》一书，因它比《广韵》简约，故名《韵略》。到了宋景祐四年（1034）宋仁宗命令"刊定窄韵①13处"，改名为《礼部韵略》。加"礼部"二字，说明贡举由礼部主管，官韵也由礼部颁行。可知《礼部韵略》是为封建时代礼部所主持的科举考试服务的。为了方便科举应试需要，《礼部韵略》仍分206个韵部，但删去《广韵》所收的大量的奇字，只收常用字9590个。这就与《切韵》《广韵》的以"审音辨韵"为主要任务有所不同了。可惜此书现已失佚。

到了南宋时期，金正大六年（1229）曾任平水书籍的王文郁将《广韵》"同用"韵部合并起来，成为106韵部。王文郁是按金朝功令合并的，从而修编成《平水新刊韵略》。后来，南宋壬子年间（1252）江北平水人刘渊编成《壬子新刊礼部韵略》，并《广韵》"同用"韵部为107韵（从熊忠《古今韵会举要》知该韵略将《集韵》109韵的"澄""嶝"二韵并到"径"韵中。这样，上平15，下平15，上声30，去声30，入声17，共107韵）。此书晚于王文郁书23年，且已散佚。后人所谓"平水韵"多是指王文郁的《平水新刊韵略》。这些合并了的韵部，表明它们在金代时读相同的音。有人认为《平水韵》就是指刘渊的《壬子新刊礼部韵略》，"后人又并为106韵"②。这实在是张冠李戴，颠倒了刘书与王书的先后顺序，应该还原其本来的面目。其实，早在清代钱大昕、王国维就已判定，在刘渊之前已有王文郁的《新刊韵略》和张天锡的《韵会》问世。这两部书都分106韵（把上声拯韵并入迥韵），阴时夫的《韵府群玉》也分106韵，

---

① "窄韵"指诗韵字少的韵部，它与字多的宽韵相对而言。常言"宽韵可自足，窄韵唯独用"，就是窄韵所辖字少的缘故。

② 参见焦长令、李慎行主编《古代汉语》，陕西人民教育出版社1991年版，第54页。

并不是107韵必在先，106韵必在后的。

若将《平水韵》与《广韵》作一比较，就会发现，韵部减少了100个（206—106），韵目归并，三合一的27部（上平声3，下平声4，上声7，去声9，入声4），二合一的46部（上平声7，下平声6，上声12，去声12，入声9），一对一保留的33部（上平声5，下平声5，上声10，去声9，入声4）。

元人黄公绍在至元二十九年（1292）编成《古今韵会》，因篇帙浩繁，学士不能遍览，于是他删繁举要，补收阙失，在大德元年（1297）改写成《古今韵会举要》，仍分106韵。

到了清代，康熙五十五年（1716），《平水韵》被改为《佩文诗韵》，从此有"诗韵"之称。"诗韵"并没有解决韵书同当时实际语音的矛盾，反而由于金元时期汉语的大变动及大发展，使韵书同实际语音脱节现象更为严重。可是满清政府用政治的力量推行这种"官韵"作为科举取士作诗押韵的标准。这种"诗韵"沿用了260多年，若从《切韵》算起，就有1380多年的历史。它在我国诗坛根深蒂固，一直沿用至今。因此，狭义的诗韵就是指以《平水韵》为前身的《佩文诗韵》。不仅中华人民共和国成立前的《诗韵合璧》《诗韵含英》等韵书是它的普及本，现代一些文人写的诗，仍把《佩文诗韵》及其前身——《平水韵》这种旧诗韵奉为押韵的金科玉律。

综上所述，诗韵就其广义来说，起源于劳动，和语言、诗歌一起伴随着劳动而生，是汉语诗歌本身所具有的艺术特色之一；就其狭义来说，它的产生是韵书由《切韵》《广韵》《集韵》《礼部韵略》等发展到《平水韵》《佩文诗韵》的结果。诗韵是封建王朝推行科举取士的"官韵"标准，它脱胎于旧韵书，不能代表活的变化的汉语声韵；它和当今作为汉民族共同语的普通话标准音——北京语音——差距太大,实在不能合乎今日作诗押韵读来上口的需要。诗韵要向前发展,要获取生命力,要发挥它满足耳听需要的音乐之美,出路只有一条——必须进行大的改革。

(原载《祁连学刊》1995 年第 4 期总第 33 期)

诗韵的延伸与变革

就文学史中韵文的发展来看，唐诗、宋词、元曲，各领一代风骚；就诗韵的演变来看，词韵仅是诗韵的延伸，曲韵才是诗韵发展变革的首创。本文将从历时文体与相对特征交叉来研究、论证《词林正韵》与《中原音韵》在诗韵发展演变中的地位和作用。

一 词与词韵

像诗歌最早由民间口头创作，后来才被文人采入《国风》一样，词也是从民间产生的。敦煌曲子词的发现就提供了证明。词最初是为适应古代乐曲歌唱的需要而诞生，所谓"倚声填词"就是这种现状的客观写照。有"声"就有"韵"，所以从广义来说，词韵也是随着词的产生而一起产生的。严格考究起来，词作为一种既适于歌唱又具有独立艺术价值的文体，并且在音节和句型的长短方面都形成一套固定的格律，是到中晚唐始渐定型的。词韵的形成比词更晚。

在晚唐五代十国中，南唐后主李煜词的创作为词争得了与诗一样受到重视的地位。到了宋代，出现了柳永、苏轼等大词家，词才发展到鼎盛时期。尽管这样，它始终没有被列入官场科举的科目，所以没有官方颁布的统一韵书，人们基本上还是依据官方颁布的诗韵——"平水韵"来填词。有些词人如秦观、辛弃疾等是依照当时口语押韵的[①]，用韵宽松自由。准确地说，宋词还是继承了后唐五代词言情的传统，又接近民间口语，基本上反映的是唐宋语音。

正由于词是一种新兴的文体，用韵宽松自由，有它随意性的一面，因此广为流传。久而久之，人们总想在习惯中寻找填词所需掌握的规律。除了词牌、句数与用韵要求外，还有用韵的材料需要归纳总结。宋元时代，有人曾做过这方面的尝试，将词韵加以归纳，形成新的词韵韵书，可惜没有流传下来。今天所能见到的词韵韵书多为清人所撰。清初，沈谦著有《词韵略》，赵钥、曹亮武撰有《词韵》，仲恒也编有《词韵》，此后，有胡文焕的《会文堂词韵》、李渔的《笠翁词韵》、许昂霄的《词韵考略》、吴烺、程名世的《学宋斋词韵》、郑春波的《绿漪亭词韵》，等等。韵的分合也各有参差。比较完备、影响最大的词韵韵书，当推戈载的《词林正韵》。

戈载的《词林正韵》根据宋词用韵情况，把词韵分为19部，大体与仲恒的《词韵》相同，不立韵目，只用"一""二"等部标目。其中舒声14部，促声5部[②]，若把14部舒声按平、上、去每个声调分开计算，就是42部；加上5个促声（入声）部，共

---

① 秦观：《千秋岁》押"外""退""碎""带""队""会""盖""在""改""海"十韵。其中"退""碎""对""会"在《词林正韵》第三部，"外""带""盖""在""改""海"属第五部，接近口语。辛弃疾《念奴娇》（赋白牡丹和范廓之韵）竟有"阵""韵""尽""恨"（韵尾 – n）与"省""整""咏""冷"（韵尾 – ng）通押的。这种出韵现象在诗中不许发生，而在词中允许存在，这也反映出词韵比较接近口语的事实。

② "舒声"是指平、上、去三声的音，由于发这三个声调的音，声音舒展，故名舒声。与舒声相对的"促声"是指入声而言，发入声时，声音迫促，不得舒展，故名促声。

有47部，比《平水韵》106部少了59个韵目。

《词林正韵》19部中每部韵字按《集韵》韵目排列，阴声韵之后分列入声作平、上、去的字，并特意强调：词韵中入声字可与平、上、去声字通押。由此可知，宋代词人已有"入声作三声"的用例，并不是只有北曲入声可与平、上、去通押。

我们考查一阕词的用韵情况，利用诗韵也是可以解释的。例如李白的《菩萨蛮》："平林漠漠烟如织，寒山一带伤心碧。暝色入高楼，有人楼上愁。玉阶空伫立，宿鸟归飞急。何处是归程，长亭更短亭。"查《平水韵》，"织"为13职部，"碧"为11陌部，职陌通用而互押，皆入声韵；"楼"与"愁"为下平11尤部而互押；"立"与"急"皆入声14辑部而互押；"程"为下平8庚部，"亭"为下平9青部，庚青通用而互押，皆平声韵。这样仄平相间，共换了三次韵。

这是为什么？原来词韵的主要特点就是放宽了韵脚的尺度，并且打破了四声的限制。根据"词牌"的规定，一般词韵大多是平声独押，上、去通押，但也有平、上、去三声通押的调子，如《雨霖铃》。戈载自己也声称《词林正韵》是"取古人之名词参酌而审定"的。说穿了，《词林正韵》大致还是归并《平水韵》而成的一部韵书。我们完全可以依据《平水韵》韵目把《词林正韵》的韵目作如下排列：第一部：平声东、冬通用；上声董、肿与去声送、宋通用。第二部：平声江、阳通用；上声讲、养与去声绛、漾通用。第三部：平声支、微、齐与灰半（合口）通用；上声纸、尾、荠、贿半（合口）与去声寘、未、霁、泰半（合口）、队半（内、佩等字）通用。第四部：平声鱼、虞通用；上声语、麌与去声御、遇通用。第五部：平声佳（大部分字）、灰（开口）通用；上声蟹（大部分字）、贿（开口）与去声卦（大部分字）、泰（开口）、队（开口）通用。第六部：平声真、文与元半（开口、合口）通用；上声轸、吻、阮半（开口）与去声震、问、愿半（开口、合口）通用。第七部：平声寒、删先与元半（齐齿、撮口）通用；上声旱、潸、铣、阮半（齐齿、撮口）与去声翰、谏、霰、愿半（齐齿、撮口）通用。第八部：平声萧、肴、豪通用；上声筱、巧、皓与去声啸、效、号通用。第九部：平声歌独用；上声哿与去声个通用。第十部：平声麻、佳（部分字）通用，上声马、蟹（部分字）与去声卦半（开口、合口）通用。第十一部平声庚、青、蒸通用；上声梗、迥与去声敬、径通用；第十二部：平声尤独用；上声有与去声宥通用。第十三部：平声侵独用；上声寝与去声沁通用。第十四部：平声覃、监、咸通用；上声感、俭、赚与去声勘、艳、陷通用。第十五部：入声屋、沃通用。第十六部：入声觉、药通用。第十七部：入声质、陌、锡、职、缉通用。第十八部：入声物、月、叶、曷、黠、屑通用。第十九部：入声合、洽通用。

我们把《词林正韵》和《平水韵》比较对照，就可看出，由106部旧诗韵到19部的词韵，有97个韵目完全相同。它们分别是：一部平声东、冬；上声董、肿，去声送、宋。二部平声江、阳；上声讲、养；去声绛、漾。三部平声支、微、齐；上声纸、尾、荠；去声置、未、霁。四部平声鱼、虞；上声语、麌；去声御、遇。五部上声蟹。六部平声真、文；上声轸、吻；去声震、问。七部平声寒、删、先；上声旱、潸、铣；去声翰、谏、霰。八部平声萧、肴、豪，上声筱、巧、皓；去声啸、效、号。九部平声歌，上声哿，去声个。十部平声麻，上声马，去声祃。十一部平声庚、青、蒸，上声梗、迥，去声敬、径。十二部平声尤，上声有，去声宥。十三部平声侵，上声寝，去声沁。十四部平声覃、监、咸；上声感、俭、赚；去声勘、艳、陷。十五部至十九部皆入声，包括十五部屋、沃；十六部觉、药；十七部质、陌、锡、职、缉；十八部物、月、叶、曷、黠、屑。十九部合、洽。

由旧诗韵到词韵一分为二的有九部，都是舒声。若按平、上、去分韵，平声灰分三、五部各半，元分六、七部各半，佳分五、十部各半，上声贿分三、五部各半，阮分六、七部各半；去声泰分三、五部各半，愿分六、七部各半，卦分五、十部各半，队分三、五部各半。

所谓"半"即"部分"的意思，大部分、小部分都叫"半"，而不是绝对的二分之一。"各半"就是两个部分，而不是二等分。这样，由《平水韵》到《词林正韵》，除了舒声里有9个韵各分为半，分别跨入《词林正韵》的三部、五部（灰、贿、泰、队），六部、七部（元、阮、愿），五部、十部（佳、卦）以外，其余97韵完全相同。

因此，词韵是诗韵的延伸，《平水韵》也就代表了词韵韵书。戈载的《词林正韵》不可能独树一帜，王力先生说它"其实不过是诗韵的大致合并，和古体诗的宽韵差不多"，确是道出了真谛。不过，就诗韵发展的趋势看，词韵通用增多，押韵从宽，给人们展示了从宽从简的趋势。

二　元曲与曲韵

元朝是蒙古族在中国建立的一个大一统的封建王朝。由于政治、经济、民族、阶级、文化诸多条件的影响，戏曲艺术在元朝发展到了高峰，同时，北方话已成为汉民族的共同语言。作为戏曲的语言，反映的正是当时通用的北方话。杂剧兼散曲作家关汉卿、马致远等人的作品登上了元曲代表的宝座。

杂剧的唱词在音乐上要求既严格又富于变化。它接受隋唐两代燕乐系统的影响，一定要协宫调。杂剧宫调下系有许多单个的曲子，叫作只曲。每一只曲有一个特殊的名称，不同曲调的只曲缀成为套曲，前人把它称作一折或一段，一折里的只曲要押同一个韵脚。曲调的联缀必须以属于同一宫调为前提，只曲在套曲中的排列次序也有一定的规则。这样看来，要求是相当严格的。但每一只曲的长短不一，曲调各异，又使韵律不致死板，而在节奏上有所变化，比诸宫调显得波澜壮阔。①

既然在杂剧唱词里，"一折里的只曲要押同一个韵脚"，那就对韵脚还有一定的要求。尽管当时的押韵基本上和北方话口语相符，但仍有归纳总结的必要。为适应这种需要，元人周德清根据当时北曲剧作家关汉卿、马致远等人的戏曲作品的用字押韵情况，编纂出一部曲韵韵书——《中原音韵》，从此开创了诗韵发展与改革的先河。

周德清是北曲作家之一，他精通音律，《中原音韵》是他作曲和读曲的经验之作。此书成于泰定元年（1324），形成了元代北曲用韵的准则。该书内容分为两大部分：第一部分是韵书。周德清把所收的5876字分别归纳在19个韵部中，平声分阴、阳两类，上、去二声各只一类，都不另立韵目。每个韵部又按声调、声母、韵母的不同分为许多同音字群。全书共有1622组同音字群，即1622个音节。第二部分为"正语作词起例"，介绍音韵、宫调、曲牌等知识，着重提出"作词十法"：知韵、造语、用事、用字、入声作平声、阴阳、务头、对偶、末句、定格。

---

① 中国科学院文学研究所中国文学史编写组编写：《中国文学史》第3册，人民文学出版社1962年版，第722页。

《中原音韵》把同韵的字排列在一起，每个韵部用两个字作韵目，共分为 19 个韵部。我们依杨耐思《中原音韵音系》的"韵母表"排列于下：1 东钟 ung、ing；2 江阳 ang、iang、uang；3 支思 i；4 齐微 ei；5 鱼模 u、iu；6 皆来 ai、iai、uai；7 真文；ən、iəi、uən、iuən；8 寒山 an、ian、uan；9 桓欢 on；10 先天 iɛn、iuɛn；11 萧豪 au、iau、iɛu；12 歌戈 o、io、uo；13 家麻 a、ia、ua；14 车遮 iɛ，15 庚青 əng、uəng、iuəng；16 尤侯 əu、iəu；17 侵寻 əm、iəm；18 监咸 am、iam；19 廉纤 iɛn。

试把《中原音韵》与《广韵》作一比较，就可看出以下三点：

一是《中原音韵》把《广韵》中韵腹相近、韵尾相同的韵部作了大量合并。如《广韵》的真、谆、臻、文、欣、痕、魂七个韵部在《中原音韵》里合并为一个真文韵部；《广韵》的齐、祭、废、微、之、灰、支七个韵部和脂韵的一部分合并为《中原音韵》的一个齐微韵部；《中原音韵》的庚青韵由《广韵》的庚、耕、清、青、蒸、登六个韵部合并而成；皆来韵是由《广韵》的咍、佳、皆、夬、泰五个韵部和灰韵一部分合并而成。至于四合一、三合一的现象就更多了，不再赘举。当然，也有分化现象。如《广韵》的麻韵分化为《中原音韵》的家麻韵和车遮韵；支韵分化为支思韵和齐微韵。但从总体上看，合并韵部远远多于分化韵部。这正是《中原音韵》韵目减少的主要原因和特点所在。

二是平分阴阳、入派三声。汉语发展到元代，原来声母是浊音的平声字变为阳平，原来声母是清音的平声字变为阴平了。①

---

① 清音和浊音相对，辅音中发音时声带不颤动的音为清音，声带颤动的音为浊音。普通话声母除鼻辅音［m-］、［n-］、［ŋ-］和边音［l-］以外，其他辅音全是清音。方音中的浊辅音还有［b-］、［b'-］、［d-］、［d'-］、［g-］、［g'-］、［dz-］、［dz'-］、［z-］、［ʐ-］等。

《中原音韵》把平声分为阴平、阳平两类是符合汉语发展实际的。同样，入声也在变化。《中原音韵》把入声字分别排在平、上、去三声里，因此没有入声韵了。

目前，学术界对元代是否有入声尚有争议。赵荫堂先生引陶宗仪《辍耕录》说："今中州之韵。入声似平声，又可作去声。"主张入声已经消失。持这种观点的人很多。① 而陆志韦先生在《释中原音韵》里提出"中原之音本有入声"的看法，并对当时的入声进行了一番解释。杨耐思认为陆氏的主张正确，而陆氏对入声的性质解释不清楚，构拟的音值也多出于误会，于是他对《中原音韵》入声的性质又作了进一步的探讨。其实，周德清在该书"正语作词起例"中就明确指出："入声派入平、上、去三声者，以广其押韵，为作词而设耳。然呼吸言语之间还有入声之别。"这就是说，作诗、填词、谱曲时，宁肯信其入声无，不必追究入声有，而站在审音音典的立场，就要从严过细地探讨，元代口语中有入声的存在应该承认。我们是在研讨诗韵的发展，自然应以入派三声的说法为准。高元白先生提出："汉语发展到元代，入声已在消失的道路上变化，可能那时入声还有遗迹。"② 这是比较审慎客观的认定。

三是以韵统调。从《广韵》到《佩文诗韵》都是传统的"切韵系"韵书，它们都是以调统韵，即韵统于四声，把四个声调作为韵部的条件之一。声调不同就是不同的韵部。而《中原音韵》却是

---

① 杨耐思：《中原音韵音系》，中国社会科学出版社1981年版，第46页。五、《中原音韵》入声的性质（一）"缘起"中讲："近50年来，研究《中原音韵》的人，大多数都认为《中原音韵》的'入派三声'，反映出十三、十四世纪的"中原之音已经没有入声了。"王力先生在为该书作的"序"中也说："入声问题，一向都认为《中原音韵》没有入声。"（着重号为引者所加）

② 高元白：《新诗韵十道辙儿》，陕西人民出版社1984年版，第4页。

以韵统调，韵统四声，同属一个韵部的字，平、上、去可以通押。声调不作为韵部的条件，故而不另立上、去两声的韵目。这样安排的结果，既便于押韵，也使韵部减少，增强了诗韵的实用价值。

三 《词林正韵》与《中原音韵》在诗韵发展中的地位

为什么元代人周德清编纂的曲韵韵书被称为诗韵发展与改革的先河，而时隔一个明代的清人戈载编纂的先于元曲的词的韵书却仅仅是诗韵的延续，而不能成为诗韵发展演变的一个里程碑呢？

就文学发展的历史看，《诗经》、楚辞、汉赋、唐诗、宋词、元曲、明清话本小说等，分别代表了一个阶段的文学体裁发展的面貌和特点，且各有千秋。而从诗韵发展及其特点看，就不必如此区分了。

众所周知，"切韵系"的韵书是综合古今南北之音的"综合音系"，代表诗韵的《平水韵》只是对"切韵系"韵书的一种改良，将《广韵》206 韵同用韵部合并为 106 韵只是放宽了分韵尺度而已，并没有根本解决韵书与实际语音脱节的矛盾。《诗经》、楚辞、汉赋和唐诗尽管各有自己的特点，但押韵总的来说较宽，再说从《诗经》、楚辞、《老子》等韵文归纳出的上古音系，黄侃（古韵 28 部）和王力（古韵 30 部）的结论基本上也是在中古音系基础上向上类推的结果，这种类推出的上古音仍为"切韵系"。"切韵系"韵书完全可以满足周秦两汉至唐宋时期近体和古诗的押韵需要。至于代表词韵韵书的《词林正韵》，尽管分词韵为 19 部，而其中 14 部的 97 个韵目与诗韵韵书《平水韵》完全相同，仅有 9 个韵目一分为两半，充其量，词韵还是诗韵的大致合并罢了。尽管它比较接近当时的唐宋语音，但并没有从根本上解决韵书与实际语音脱节的矛盾。因此，说《词林正韵》这个词韵韵书的代表是诗韵《平水韵》的延伸,是符合它本来的面目的。

而周德清编纂的《中原音韵》作为曲韵韵书却是"单一的音系",它宗"中原之音",基本上反映了当时北方话语音的实际。《中原音韵》是元代北方语音的实际记录,它除了保留收"-m"尾韵的闭口韵外,完全抛开了《切韵》以来的韵书系统。这个音系已经很接近现代北京音系,如平分阴阳、入派三声等;在韵书编排上也冲破了切韵系以调统韵的桎梏,开创了以韵统调的先河,更便于押韵和翻检。因此,《中原音韵》不仅开了"北音系"韵书的先河,成为汉语音韵学史上诗韵发展与改革的首创,而且成为现代普通话音系的源头。我们据此可以了解14世纪的北方语音系统,研究普通话的渊源。今天,推广普通话已被纳入我国宪法。而这种现代汉语的标准语,正是以北京语音为标准音,以北方话为基础方言,以可作为典范的现代白话文著作为语法规范的。在有韵书以来的1700多年的漫长历史中,周德清可算是韵书革命的先驱者、诗韵发展与改革的第一个开拓者,此称谓他是当之无愧的。诗韵变革自《中原音韵》始,理所当然。

纵观诗韵发展的历史,从《广韵》《平水韵》《中原音韵》《词林正韵》的发展、变革、延伸的客观事实中,完全可以得出结论:诗韵的发展和改革是沿着简约化和口语化的道路前进的。这也正是诗韵内部规律的显现。诗韵改革合此规律就会阔步前进,反之就会处处碰壁。

(原载《祁连学刊》1996年第1期)

诗韵的发展与改革

任何事物的发展都不是直线前进的，常出现曲折和反复，而大江东去，黄河入海，主流不可阻挡。诗韵的发展也不例外，尽管有曲折和反复，但简约化和口语化的主流是不可逆转的。

粗略回顾狭义诗韵产生的历史，就可窥一斑而知全豹。从隋代陆法言等人编著的《切韵》到宋代陈彭年等重修的《广韵》，韵部由193个到206个，增加了13个韵部，走的是析韵从细，审音从严的路子，而到丁度等修编的《集韵》《礼部韵略》，以至于金人王文郁编著的《平水韵》，韵部由206部减到106部，走的是合并邻近的韵部，押韵从宽的路子。这是旧诗韵脱胎于旧韵书所显示的内在规律。

到了元代，周德清编著的《中原音韵》这部曲韵的韵书，进而变读书音为口语音，变综合古今南北之音的"综合音系"为单一的"北音系"；韵部也由106部减少到19部。这样，它在诗韵的发展中就树立了第一个里程碑。

可是，到清代出现了反复，以戈载《词林正韵》为代表的词韵韵书又沿袭了《集韵》与《平水韵》的体例。只是对原有韵部作了大致的归并，最多不过是旧诗韵的延伸和简化罢了。更严重的是清朝走复旧的老路，用政治力量推行照抄《平水韵》的《佩文韵府》作为科举取士的"官韵"，又按106部为诗韵分类。这种"官韵"作为正统的诗韵在我国诗坛一直根深蒂固。它沿用了几百年，以致"五四"以来作新诗的人还有用《平水韵》作标尺的。中华人民共和国成立前，充斥旧书店的《诗韵合璧》《诗韵含英》等韵书，都是《佩文诗韵》的普及本。直到20世纪末，一些作旧诗的人还把《平水韵》奉为金科玉律。须知，旧诗韵是对现代韵文工作者的羁绊。吟诗、填词、谱曲，旧诗韵对人束缚太大，它严重脱离了汉语北方口语的实际。事实上，除了科举应制，广大曲艺及韵文工作者，在创作的实践中已经自觉或不自觉地走着口语化和简约化的路子。于是《十三辙》《中华新韵》《新诗韵十道辙儿》等新的韵书就应运而生。当然，在发展道路上仍有曲折和反复，如《国音新诗韵》的回旋就是一例。以下分三点论述。

一 "十三辙"的来历、内容、特点与影响

随着元代戏剧曲艺的发展，民间词曲的押韵越来越朝着口语化的趋向演变，不再完全受制于韵书音律的拘牵了。之所以把押韵的韵脚叫作"辙""辙口""辙儿"，就是取车轮滚过自然碾出的轨迹之意。押韵和谐叫"合辙"，否则叫"出辙"或"不合辙"。一般来说，近体诗的押韵，韵脚字有严格规定，无论律诗还是绝句，都是不允许出辙的，而词、曲的用韵比较宽松、自由，但也要约定俗成。元人周德清编撰的《中原音韵》是对元曲用韵的归纳和总结，它分曲韵为19部，也就是19道辙。

明清以来，北方流行的曲艺和戏剧唱辞，读来押韵上口，已

突破了《中原音韵》19 韵部的拘牵，通用、并韵现象越来越多，逐渐地形成 13 道辙，简称"十三辙"。"十三辙"是曲艺工作者在创作实践中选韵从宽的必然结果，也是诗韵发展内在规律的显现。它在北方人民群众中长期被口耳相传，无疑属于北方音系，只是有目无书罢了。直到民国二十八年（1939），张洵如先生才把它收集并整理成书，定名为《北京音系十三辙》（后简称《十三辙》）。

关于《十三辙》的来历又有一说："据说到了清代，有一个山东人叫贾凫西的，根据《中原音韵》作了一些简化，后来又经蒲松龄加以订正，而编成了《十三辙》。这《十三辙》被北方的戏曲、说唱艺人接受下来，一直沿用到现在。"① 此说是赵诚先生依据白云生《戏曲的唱念和形体锻炼》中的一段话而作的推测。它揭示了《十三辙》和《中原音韵》的母子关系，的确很有见地。也就是说，在清代词曲作者并韵、合辙的事儿普遍存在，依据《平水韵》并韵的结果，产生了词韵，如《词林正韵》等，它们只能是旧诗韵的改良和延伸，依据《中原音韵》并韵的结果，就产生了《十三辙》，这是诗韵的发展和改革。这一说法还把《十三辙》的成书年代由民国提前到了清代。再说蒲松龄又是广为人知的志怪小说《聊斋志异》的作者，经他订正编成的《十三辙》就更易被后人认可和采用了。可惜贾凫西编撰的《十三辙》一书没有留存下来，也未见蒲松龄订正此书的其他佐证，这个说法的可信程度也就不言而喻了。《辞源》《辞海》介绍《十三辙》也没有讲出具体的来历。《辞源》说它是"指皮黄、鼓词等戏剧

---

① 赵诚：《中国古代韵书》，中华书局 1979 年版，第 111 页。

曲艺用韵的十三大类，也叫十三道辙"①。《辞海》说它是"京剧唱辞的韵脚分类。根据中州韵和北京语音划分，也夹杂了一部分湖北音"②。至于为什么会这样，并没有讲出所以然来。况且把《十三辙》仅仅限定在"京剧唱辞的韵脚分类"，也失之于狭窄。不过《辞海》指出《十三辙》分韵的根据是"中州韵和北京语音"却也符合实际情况。

《十三辙》既然脱胎于《中原音韵》，它必然与这个母体有着共同的特征，如它也是以韵统调，即"韵统四声"。其辙名为：1 中东，2 江阳，3 衣欺，4 灰堆，5 由求，6 梭波，7 人辰，8 言前，9 发花，10 乜斜，11 怀来，12 姑苏，13 遥条。若把《十三辙》与《中原音韵》19 部作比较，就会发现：《十三辙》的中东辙是由《中原音韵》的庚青、东钟两个韵部合并而来；江阳辙照搬江阳韵；衣欺辙是由齐微和鱼模两部分化演变而来；灰堆辙由齐微韵分化演变而成；由求辙是变名的尤侯韵；梭波辙由歌戈韵和部分车遮韵合并演变而成；人辰辙（包括小人辰③）是由真文、侵寻两韵合并演变而成；言前辙（包括小言前④）是由寒山、监咸、桓欢、先天、廉纤五个韵部合并演变而来；发花辙是家麻韵换了名称；乜斜辙是由车遮韵和部分皆来韵合并演变而成；怀来辙是皆来韵更了名称；姑苏辙是由鱼模韵分化演变而成；遥条辙是萧豪韵更名的结果。

运用语音学原理分析，从《中原音韵》到《十三辙》，唇鼻辅音韵尾变为舌尖中鼻辅音韵尾。这就是侵寻韵与真文韵并为人

---

① 《辞源》修订本第一册，商务印书馆 1979 年版，第 402 页。
② 《辞海》合订本，上海辞书出版社 1980 年版，第 114 页。
③ "小人辰""小言前"部指儿化韵，即儿化人辰，儿化言前。
④ 同上。

辰辙，实质上是保留了真文韵而更名为人辰辙的道理所在。同理，监咸、廉纤两个唇鼻韵与寒山、桓欢、先天三个舌鼻韵并为言前辙，也是保留了舌鼻韵又更名了的结果。由于中古音到普通话（现代北京音系）"入派三声"，没有塞辅音韵尾的韵，这样，《十三辙》就没有入声韵；阳声韵中，唇鼻辅音韵尾的韵消失了，只剩舌尖中和舌根两个鼻辅音韵尾的韵；阴声韵①基本未变。这样一来，《十三辙》就和现代汉语普通话的音系完全一致了。

　　语言学家罗常培先生所撰《北京俗曲百种摘韵》一书正是从清代一百种"唱本儿"里分析归纳出来的韵书。它所立的13个韵部恰与《十三辙》相合，说明《十三辙》在北曲中应用之广。1965年郑林曦先生著《怎样合辙押韵》，对《十三辙》作了更简明科学的解释，书后还有《同音常用字表》，便于查检。

　　《现代诗韵》是秦似先生按照《十三辙》的系统编成的新韵书，1975年由广西人民出版社出版。该书供诗歌、唱词押韵用，分为13部、17韵，每部含一韵或两韵，每部每韵按平声、仄声、轻声列常用字表，旧入声用"‖"隔开。每韵以声母次序按阴平、阳平、上声、去声、轻声详列韵字，旧入声用"※"标出。书前有介绍合辙押韵的知识。秦似先生是主张诗韵改革，积极推行新诗韵《十三辙》的一位诗人和语言学家。他在1983年11月为陕西省语言学会作的"关于诗歌音韵中的几个问题"的学术报告中，声言《现代诗韵》是在他的父亲（王力先生）的全力指导下编成的。可惜秦似先于其父作古，但他把《十三辙》的功用作了历史的肯定。

---

　　① 没有韵尾或韵尾是元音的叫"阴声韵"；韵尾是鼻辅音的叫"阳声韵"；韵尾是塞辅音的叫"入声韵"。现代普通话只有阴声韵和舌鼻辅音的阳声韵，没有唇鼻辅音的阳声韵，更没有入声韵。

可见,《十三辙》是群众用韵的自然选择,是继《中原音韵》之后诗韵的又一新发展。其发展动力是广大韵文工作者在用韵的实践中要简约,求上口,反复探索,相沿成习的惯性。直到今天,京戏、皮簧、鼓词等曲艺的韵脚分类仍然在循着它的轨迹运转前进。

二 《国音新诗韵》的回旋与《中华新韵》的问世

正当曲艺工作者在《十三辙》的道路上迈步前进的时候,赵元任先生于1922年在美国哈佛大学编纂了一部《国音新诗韵》。

《国音新诗韵》是与《平水韵》这个旧诗韵相比较而著的。的确,这部诗韵在1921年公布了《国音字典》后第二年就编成出版,取名《国音新诗韵》是有来由的。它"新"在紧跟《国音字典》问世,首先按现代汉语——"国音"编制韵书,使韵书彻底走上与现代汉语口语相结合的道路,其历史意义是很重要的。赵元任先生是近代海内外著名的语言学专家,他对北京口语的研究尤为精通。按说,专家依据现代语音编制新的韵书,当为权威之举,影响应该深远,怎么能说是"《国音新诗韵》的回旋"呢?

因为《国音新诗韵》尽管有按现代汉语语音编写诗韵的"新"的一面,但它上承因袭《切韵》的体制,以阴平、阳平、赏(上)、去、入五声为纲,立了103个韵部分别统摄常用字,对字音分析得非常精细,作为审韵、正音的依据,它的确是一部科学水平极高的工具书。但是,人们作诗押韵走的是宽松、简约的路子,分韵过于精细,反而派不上用场。再说,现代汉语北京音系已无入声,而赵元任先生承袭旧诗韵仍列入声,"新"得并不彻底。人们作诗、填词、谱曲很少翻阅它,因而它对人们写韵文就没有多少实用价值，渐渐地也就自然终止了自己的生命。

曲艺工作者用韵的实践证明，押韵要走宽松的路子。赵元任先生对语言学研究建树甚高，但他精心编著的《国音新诗韵》却未被国人通用，原因就在于他沿用《切韵》体制，分韵103部，追求精密细致而脱离了群众用韵的实际，违背了诗韵发展趋向简约的规律的结果。这不能不令人遗憾，从而引以为戒。

黎锦熙和白涤州两位先生吸取了这个教训，重新采用《中原音韵》体制，按1932年公布的《国音常用字汇》编著了《国音分韵常用字表》，重新确立18个韵部，各部以阴平、阳平、上声、去声分别统摄同韵的常用字，又规定了几个韵部的"通押"。由于这部常用字表由人文书店的前身佩文书斋出版，因而又名《佩文新韵》。它以狮、蝶、龙等虫名为韵目，人们认读不大习惯。1941年修订时又将这些虫名韵目改为旧韵书所习用之字，将书名也改为《中华新韵》，并且作为国民政府颁布的"官韵"在重庆颁布。所以，《中华新韵》虽然是国民政府颁布的"官韵"，但它的诞生，黎锦熙和白涤州两位先生功不可没。

《中华新韵》不仅"新"在完全按北京音系编写现代普通话的韵书，而且它分韵18部，每部用一个汉字作韵目。这18个韵目与汉语拼音韵母字表排列如下：1 麻 a、ia、ua；2 波 o、uo；3 歌 e；4 皆 ê、ie、üe；5 支 ï；6 儿 er；7 齐 i；8 微 ei、uei；9 开 ai、uai；10 模 u；11 鱼 ü；12 侯 ou、iou；13 豪 ao、iao；14 寒 an、ian、uan、üan；15 痕 en、in、uen、ün；16 唐 ang、iang、uang；17 庚 eng、ing、ueng；18 东 ong、iong。

一看便知，《中华新韵》18字的新韵目，比《中原音韵》19部38字的韵目更简便实用。

若将《中华新韵》与《中原音韵》作一比较，就会发现下列分合的规律：

（一）合四为一：《中华新韵》的寒韵是由《中原音韵》的桓欢、先天、监咸、廉纤四个韵部合并而来。其中监咸、廉纤变为寒韵是由唇鼻韵尾韵变为舌鼻韵尾韵的结果。

（二）合二为一：《中华新韵》的痕韵是由《中原音韵》的真文、侵寻两个韵部合并而来。其中侵寻变为痕韵也是由唇鼻韵尾韵变为舌鼻韵尾韵的结果。

（三）一分为二：《中华新韵》的模韵、鱼韵是由《中原音韵》的鱼模部分化而成；齐韵、微韵是由齐微部分化而成；支韵、儿韵是支思部分化的结果。

（四）二合一与一分二的部分重新组合：《中华新韵》的皆韵是由《中原音韵》的车遮部与部分皆来部合并而成；波韵与歌韵却是由歌戈部分化的结果。

（五）一对一：《中华新韵》有七个韵部和《中原音韵》相同，只是韵目由两个字更换为一个字。即家麻变为麻，萧豪变为豪，皆来变为开，江阳变为唐，尤侯变为侯，庚青变为庚，东钟变为东。

概括起来，从《中原音韵》到《中华新韵》的发展，变化有二：一是唇鼻辅音韵尾消失，只剩舌鼻辅音韵尾的阳声韵；二是韵部相同与合并占主导地位。这正是《中华新韵》趋简，符合诗韵发展规律的体现。

1950年，商务印书馆出版了黎锦熙先生编的《增注中华新韵》，仍分韵18部，以韵统调；每韵内又按声调分阴平、阳平、上声、去声……利用这部韵书可以解释现代诗人创作诗歌押韵的情况。如毛泽东同志的七律《长征》诗，首句入韵，其韵脚字为"难""闲""丸""寒""颜",都在《中华新韵》的14寒阳平韵里。若用《平水韵》衡量,则"难""丸""寒"在寒韵,而"闲""颜"在删韵,就属两部邻韵通押了。《增注中华新韵》能注意汲取民间习用的《十三辙》,在例说中加以比较,还在儿韵里附列了北京儿化韵的九种念法和例词。这种以韵部来统帅声调的做法承袭了《中原音韵》的先例,开启了许多新编韵书的先河。①

1965年中华书局出版了中华书局上海编辑所编的《诗韵新编》,它参照《中华新韵》以现代普通话音系为标准,分韵18部,每一韵中先分平仄两大类。平声又分阴平、阳平;仄声将上、去及旧读入声分列,使得平仄区分明晰。旧读入声字排在本韵的末尾,每字注明今读声调。各韵中同声调的字按汉语拼音字母次序排列。全书单字注明普通话读音,单字下面略举可做韵脚的词语,有的略加注释。末附《佩文诗韵》单字,部首检字表及难检字表。

1978年上海古籍出版社也出版了《诗韵新编》,并且在1981年作了第三次印刷,印数达22万册,可见普及之广。该书的体例、编排、注释与中华书局出版的几乎完全相同,只是删了个别例字。②

《诗韵新编》相比《中华新韵》有两个改进之处:一是收了相当数量的双音节和多音节词,符合汉语词汇由单音节向复音节发展的趋势;二是将四声又概括为平仄两类,又分别在阴平、阳平、上声、去声中标出"还有旧读入声各字,见'仄声'·'入

---

① 郭子直、李岩:《文史工具书入门》,未来出版社1993年版,第145—147页。《诗韵新编》,上海古籍出版社1981年版,第231、236、237页。

② 同上。

声'",并且将原来入声各字全部列出。① 这样,就便于作平仄押韵的古今对照。《诗韵新编》的不足之处是把《中华新韵》原来规定的"通押"取消了,且未说明缘由。也许主观意图是析韵从严,追求细密,但客观上违反了"押韵从宽"的原则,这就为后来的诗韵改革留下了尚待完成的任务。不过,上海古籍出版社1978年出版的《诗韵新编》在"附录"中列有"通押后的'十八韵'与十三辙对照表",在某种程度上可弥补这一不足。

从通押后的"十八韵"与《十三辙》对照中可看出韵、辙分合情况如下:

(一)《十三辙》的梭波辙在"十八韵"里分化为波韵与歌韵,中东辙分化为庚韵和东韵,而波韵与歌韵,庚韵与东韵又是可以通押的。

(二)《十三辙》的部分衣欺辙与"十八韵"的鱼韵相同,姑苏辙与模韵相同,而模、鱼两韵又是可以通押的。

(三)《十三辙》衣欺辙在"十八韵"里分化为支、儿、齐三韵,而这三个韵部也是可以通押的。

当然,上述"通押"都是指在《中华新韵》"十八韵"里进行的。

(四)《十三辙》中有九道辙在"十八韵"里只是由两个字的辙名变为一个字的韵目。即发花变为麻,乜斜变为皆,灰堆变为微,怀来变为开,由求变为侯,遥条变为豪,言前变为寒,人辰变为痕,江阳变为唐。

由此可知,专家进行诗韵改革是充分汲取《十三辙》的优点的,其举措有三。

---

① 中华书局上海编辑所编辑:《诗韵新编》,上海古籍出版社1978年版,第9—14页。

一是把《十三辙》两个字的辙名换为一个汉字的韵目，共9个，占70%。一个字的韵比两个字的辙名，称说起来当然简便。专家能这样大量吸取群众用韵的自然选择来进行改革，值得肯定。

　　二是把《十三辙》的三个辙分化为七个韵部，又按原辙分三组通押。乍看起来像是绕了一圈又回到原地，其实它正好反映出专家改革诗韵时矛盾的心态。分三为七是专家析韵从严，要求严密的良好愿望，又按原辙分三组通押，是不得不考虑群众用韵的客观实际，不得不照顾群众押韵从宽的实践要求。

　　三是规定模韵和鱼韵通押，这实际是把《十三辙》的姑苏辙与部分衣欺辙并合通押了，体现押韵从宽的原则，符合诗韵发展趋向简约的规律。

　　由于《中华新韵》有此三大特点，故被人们接受，广泛沿用而不衰，称得上诗韵改革的第二个里程碑。也由于《中华新韵》还有"通押"的余地，也为诗韵的进一步改革孕育了胚胎和条件。

三　黎氏十一道辙的设想和高氏《新诗韵十道辙儿》的诞生

　　诗韵的发展和改革的实践证明，作诗押韵要走从宽从简的大道，要符合人民口语规范化的要求。也就是说，审音可从严，定韵宜从宽，和谐为根本，形式灵活变。

　　黎锦熙先生熟悉并掌握了诗韵发展与改革的内部规律，他勇于探索，不断开拓，把《中华新韵》十八部的"通押"范围再进一步放宽。他说："今天既有《汉语拼音方案·韵母表》所反映的'北京音系'作分韵的标准，通过语音科学的分析归纳，正规的韵定为十八部——单韵母 a（麻）、o（波）、e（歌），补上 ê

（皆）、ï（支）、er（儿），还有 i（齐）、u（模）、ü（鱼）；复韵母 ai（开）、ei（微）、ao（豪）、ou（侯）；鼻韵母 an（寒）、ang（唐）、en（痕）、eng（庚）、ong（东）。其中音近通押的韵，有：o（波）通 e（歌），ï（支）、er（儿）、ü（鱼）、ei（微）都通 i（齐），ü（鱼）又可通 u（模），ong（东）通 eng（庚）。于是十八韵减为十一道辙。"

这段话是黎锦熙先生在他 1965 年所著的《诗歌新韵调研四种》一书中所讲的。可惜该书至今没有出版。《中国语文》1966 年第二期刊载了部分内容。兹将黎氏十一道辙排列于下：

1 麻 a、ia、ua；2 波 o、uo，歌 e；3 皆 ê、ie、üe；4 支 ï，儿 er，鱼 ü，微 ei，齐 i，模 u；5 开 ai、uai；6 豪 ao、iao；7 侯 ou、iou；8 寒 an、ian、uan、üan；9 唐 ang、iang、uang；10 痕 en、in、uen、ün；11 庚 eng、ing、ueng，东 ong、iong。

黎氏的十一道辙没有专立辙名，却为后来十道辙、九道辙的诞生打下了良好的基础。

曾为中国音韵学会顾问的高元白教授继承并发扬黎先生诗韵改革的精神，认真总结前人的经验教训，从理论与实践的结合上提出了诗韵改革的主张，这就是"音典审音应从严，诗韵定韵宜从宽"。他在黎氏十一道辙通押十八部的基础上再合并韵辙，大胆突破，无畏地创新，另立辙名，撰写出《新诗韵十道辙儿》，1984 年由陕西人民出版社出版。当时的中国音韵学会会长严学宭教授为它题写了书名，它被纳入杨春霖教授主编的语言文学丛书，成为我国当前最新改革的韵书。暂且不言该书"前言"和"后记"中关于诗韵改革的精辟见解和科学理论，兹将它的"十道辙儿"录列于下：

1 发 a、ia、ua；2 歌 e、o、uo；3 写 ê、ie、ue；4 诗 ï、er，

ü、ei、uei、i；5 来 ai、uai；6 高 ao、iao；7 斗 u、ou、iou；8 战 an、ian、uan、üan；9 唱 ang、iang、uang；10 风 en、in、uen、ün、eng、ing、ueng、ong、iong。

为了便于记忆，高先生把"十道辙儿"的辙名编成一首歌诀："写诗歌，来战斗，风发高唱"。若用楹联形式排列，则为"高唱风发歌，来写战斗诗"。高先生在"十道辙"内还开了"诗斗""写歌"两道分韵辙儿，从而把"专押"与"通押"统一起来。

我们把"十道辙儿"与《十三辙》《中华新韵》十八部、黎氏十一道辙分别加以比较，就可以看出《新诗韵十道辙儿》改革的基础和力度来。

首先，从"十道辙儿"与《十三辙》的对照中可知：

（一）《十三辙》是群众作诗用韵在《中原音韵》19 部的基础上通押、并韵而约定俗成的新韵，每个韵用两个汉字作辙名；而"十道辙儿"又是在《十三辙》的基础上再进行并韵、通押而形成的新韵，每一韵用一个汉字作辙名。

（二）《十三辙》中有七道辙在"十道辙儿"中只是换了一个汉字的辙名，没有根本变化。即发花变为发，梭波变为歌，乜斜变为写，怀来变为来，遥条变为高，言前变为战，江阳变为唱。一个字的名称更简便易记。

（三）《十三辙》中有六道辙在"十道辙儿"中合二为一，它们是：人辰、中东合为"风"；由求、姑苏合为"斗"；灰堆、衣欺合为"诗"。六道辙并作三道辙，当然押韵更宽。

简言之，由《十三辙》到"十道辙儿"，七道辙未变，六道辙并作三道，辙名两字换作一字，读起来更顺口，用起来更简便。

其次，把高氏的十道辙与黎氏未立辙名的十一道辙作一对照，就可清楚地看出《中华新韵》"十八部"是怎样在发展改革的路子上成就为《新诗韵十道辙儿》的。

一是十道辙中有六个专押的"单一韵辙"是由黎氏十一道辙中18韵部的六个韵部更名而来。即麻变为发，皆变为写，开变为来，豪变为高，寒变为战，唐变为唱。

二是十道辙中有两个"合成韵辙"是由黎氏十一道辙中两组通押的18韵部重新命名的结果。即波变为歌，歌变为支、儿、齐、微、鱼变为诗。

三是十道辙中有两个"合成韵辙"是扩大了黎氏十一道辙的通押范围。即模、侯变为斗，痕、庚、东变为风，模侯通押黎氏没有发现，"风"辙中，黎氏只看到了庚、东通押。

此外，黎氏第四辙中的模、鱼通押，高氏开辟的"诗斗"分韵辙儿归纳了这一规律；现代人写诗中歌、皆两韵通押，高氏开辟的"写歌"分韵辙儿归纳了这一规律。

这样看来，若就《中华新韵》18部的通押而言，高氏比黎氏扩大了三个通押范围。即模侯通押、歌、皆通押、痕与庚、东通押。把十道辙儿称为"黎高新韵"也是名副其实的。高元白先生在《新诗韵十道辙儿》一书中分述了十道辙之后，又专门列述了"儿化韵辙"，确立了"言小辙儿""人小辙儿""斗小辙儿""高小辙儿"四个小辙，从而开辟了诗韵口语化和从宽发展的新里程。这里不再赘述。

笔者潜心学习"黎高新韵"之后，在调查它的可行性的过程中，发现《中华新韵》"十八韵"中的波、歌、皆三韵都可通押，从而并歌、写两辙为一乐辙，取消"写歌"分韵辙儿；又发现开、微两韵可以通押，新立"诗来"分韵辙儿；还有波、歌、皆与齐也可通押，再立"诗乐"分韵辙儿。后文将集中论证"汉语新诗韵九道辙（黎高新韵）的科学性与可行性"。

"黎高新韵"从"十一道辙"到《新诗韵十道辙儿》再到"九道辙儿"，这是诗韵探新的初步成果，离政府颁布的"官韵"还有距离。笔者恳望诗韵工作者及所有仁人志士都来积极参与讨论、争鸣和实践，使它日趋完善。笔者更希望政府组织专家和有关人士，在讨论、争鸣、实践、协商的基础上拟定出新的人民大众所喜闻乐见的韵书。笔者深信，随着改革的深入进行，诗韵改革的热潮必将到来。一石激起千重浪，愿"九道辙"的"黎高新韵"能为诗韵改革推波助澜，诗韵发展改革的第三个里程碑一定会在中华人民共和国走过的半个世纪的风雨中巍然屹立！

（原载《宝鸡文理学院学报》1996年第1期）

论诗韵及其改革

  1996年3月，笔者在陕西旅游出版社出版了《诗韵探新》一书，8月，笔者在中国音韵学研究会第九次学术讨论会暨汉语音韵学第四次国际学术研讨会上，以"诗韵的发展与改革"为题作了发言。在答辩会上对诗韵改革的有关问题作了说明，当时虽然受到与会者的赞同，文章也被刊在《语言研究》1996年增刊上，向国内外公开发行，但时至今日，全国研讨诗韵改革的风气尚未形成。笔者恳切呼吁同人，积极参与诗韵探新的讨论，并愿再抛砖石以引出玉来。现就"作诗要不要押韵？""诗韵要不要改革？""改革应沿着什么路子走？"几个问题谈点管窥之见，向同人求教。

  一 作诗要不要押韵？

  作诗要不要押韵？要。这得从对诗和韵的界定说起。
  诗是一种文学形式，它高度集中地反映社会生活，抒发思想感情，表现丰富想象，语言凝练而形象，一般分行排列，有节奏，多用韵，可以朗读歌咏。中国早在先秦时期，就有"诗言志，歌永言,声依永,律和声"之说,可见人们早已认识到诗歌的本质就是凭借声律来抒情。情感性和音乐性是诗歌构成的主要因素。在西方的诗歌观念中,人们也认为音乐具有一种魔力,诗歌主要凭借音乐性韵律来发挥它宣泄情感、净化心灵的作用。足见,诗歌之音乐性是中西诗人向来共同追求的目标。今天,诗作虽有旧体(包括古体诗、近体诗和词)和新体之分,但在理论界,在诗歌具有音乐性这一点上是达成共识,没有分歧的。

韵本是一个音乐概念,我国至魏晋以后,韵在古典诗学中被频繁地用来论人、论画、论文。随着汉民族语言的发展,六朝人发现了汉语独具的音节特点,开始在诗歌用韵方面有意识地进行探索。

而诗韵就广义说,是指作诗为了音节和谐,读来上口,在每一诗句的末尾用音近字去煞尾,这种在句末相同部位用同一韵部的字去谐和煞尾,就叫"押韵"。由于用韵一般都在句末,故又称"韵脚"。中国已故当代语言学大师王力先生说:"诗歌中的韵,和音乐中的再现颇有几分相像。同一个音(一般是元音,或者是元音后面带辅音)在同一个位置上(一般是句尾)的重复,叫作韵。韵在诗歌中的效果,也是一种回环的美。"[①] 他不仅形象地解释了韵,而且阐发了韵在诗歌中音乐美的回环作用。自古及今,《老子》《周易》《诗经》、楚辞、汉赋、六朝乐府、唐诗、宋词、元曲小令、戏剧唱词、山东快书、陕西快板,数来宝,顺口溜,只要押韵,都在广义诗韵范畴之列。

作诗选韵也是一种艺术的追求。汉语诗歌的美,除了以情动人外,还有以声感人的艺术效果。古今流传不衰的优秀诗文无一

---

① 王力:《略论语言形式美》,《光明日报》1962年10月9—11日。

不是声情并茂的佳作。笔者在《诗韵探新》第一章第一节和发表在《祁连学刊》1995年第四期《诗韵概说与渊源》的文章中列举了李白、杜甫、苏轼等诗词家和当代已故诗人郭小川的一些诗的选韵示例，足以证明这个论断。无韵不成诗，这对古今诗的传统要求是一点也不过分的。至于写新诗，要不要押韵，笔者是赞同王力先生"语言形式美"的观点的。回环的音乐美对新旧诗都适用。鲁迅先生是主张作诗要押大致相近的韵。他在20世纪30年代初给杜隐夫的信中说："我以为内容且不必说，新诗先要有节调，押大致相近的韵，给大家容易记，又顺口，唱得出来。"① 1935年，他在给蔡斐君的信中说："诗须有形式，要易记、易懂、易唱、动听，但形式不要太严，要有韵，但不必依旧诗韵，只要顺口就好。"② 笔者完全拥护这一主张，为什么"不必依旧诗韵"，本文后一小节将要论述。鲁迅先生是作新诗也要押韵的倡导者。著名的当代诗人郭小川，虽然已离我们而去，但他在探索以古典诗歌为基础而发展新诗方面取得了可贵的成果，为我们留下了宝贵的遗产。翻开他的诗集，没有一首新诗是不押韵的。

　　诚然，在诗界，也有不押韵的新诗。散文诗和朦胧诗是不讲押韵的。现代派的朦胧诗人只重感情的激发、奔泻和所谓"心灵的颤动"，不重视诗韵的作用。感情靠言辞表达，诗言志，歌咏情。诗的格调、意境的高低，品味的雅俗，质量的好坏，并不完全取决于用韵，要靠时间、历史的检验。所以，诗歌创作与其他文艺创作一样，需要百花齐放，提倡不同风格流派争奇斗艳，贯彻百花齐放、百家争鸣的方针，就不能党同伐异。不过，一般诗

---

① 《鲁迅全集》第十卷，人民文学出版社1973年版，第25页。
② 同上书，第28页。

歌创作爱好者大都有这样的共识：汉语诗歌是有声语言的记录符号，它也还记录了音韵之美。汉语诗歌不可能变为线条、色彩等视觉的艺术。外国的阶梯诗不适合汉语的实际，而诗韵的功用及其研究是不可忽视的，这就是我们进行诗韵探新的前提，也是讨论改革的基础。笔者认为，作诗还是以押韵为好，这是汉语音节特点所致，也是继承中华传统文化的需要。

二 诗韵要不要改革？

作诗要不要押韵，是就广义的诗韵而言，解决的是继承传统和研究诗韵有无必要的问题。诗韵要不要改革，是就狭义的诗韵而言，解决的是推陈出新和改革旧诗韵有无必要的问题。

狭义的诗韵是指作诗、填词、谱曲等制作韵文所依据的韵书。它是作为供给作诗押韵查检韵字方便而设立的专门字书，实际上就是同音字典的前身。通常是指宋金以来通用的"平水韵"。

说到诗韵，一般是指旧诗韵，具体指《佩文诗韵》，它由清朝康熙皇帝钦定，它的底本就是"平水韵"。其全称应是《平水新刊韵略》，是由金人王文郁修编，金王朝颁布的官韵。1716年，康熙皇帝又对它加以钦定，成为清廷科举取士作诗押韵的标准。

旧诗韵的渊源从601年陆法言等编纂的《切韵》算起，历经《唐韵》《广韵》《集韵》《韵略》《平水韵》《佩文诗韵》等[①]，至今有1390多年的历史。若从《佩文诗韵》算起，历经清代、中华民国，至今也沿用了280多年，它在我国诗坛已根深蒂固。不仅中华人民共和国成立前的《诗韵珠玑》《诗韵含英》《诗韵集

---

① 详见《诗韵探新》第一章第二节"诗韵渊源"（狭义）和《祁连学刊》1995年第4期《诗韵概说与渊源》中的"诗韵的源流"。

成》《诗韵合璧》《增广诗韵合璧》等韵书是《佩文诗韵》的普及本,就是现代中华诗词学会一些文人写旧诗,仍把《佩文诗韵》及其前身《平水韵》奉为圭臬,不得越雷池一步。

应当指出,诗韵脱胎于旧韵书,而旧韵书不代表活的变化的汉语声韵,诗韵当然离现代普通话距离甚远,对它进行改革是应提到议事日程上了。

一提诗韵改革,有些老先生和学者难免有种种顾虑和误解,这和汉字简化初期有些老先生难以接受一样,需要做正确的宣传和引导工作。诗韵改革是在作诗押韵的前提下对不适应现代普通话口语用韵的规则与韵书用字所作的必要的调整。它既不是不要韵书,也不是废除诗韵,更不是什么"全面冲破诗的传统格律",而仅仅是在普通话音系内对用韵规则与韵字作的必要调整。人所共知,推广和普及普通话不是消灭方言,而是普通话与方言两语并存。因此用方言写诗当然允许。不过,政府推广、普及的是以北方方言为基础,以北京语音为标准,以典范的现代白话文为语法规范的全民通用的普通话,并把它纳入了中华人民共和国宪法。我们进行诗韵改革,也就是要提倡和强调用普通话声韵入诗。而且这种调整不是任何个人或少数学者闭门造车、随意编造的行为,而是广大写诗、读诗、评诗的群众沿着诗韵内部发展规律所进行的革新实践活动。专家学者通过调查研究,尊重群众实践,顺应客观发展规律,满足群众需要,正确归纳总结经验,所编出的新韵书,才能受到群众欢迎,经得起时间的检验,具有较强的生命力,从而不断得到发展。否则,必然最终被历史淘汰。

旧诗韵的弊端是什么?一句话,它离现代普通话的口语相距太远。如普通话无入声,而旧诗韵却列出入声韵字1813个;普通话的韵母总共39个,用于押韵的不到20个,而旧诗韵分韵106

部，太细、太烦琐。今人写诗，若用旧诗韵衡量，实在是削足适履。不妨再细分析如下。

　　旧诗韵书面相押的韵字，普通话口语却不押韵了。如《佩文诗韵》的上平十三元中，"元原源鼋园猿辕垣冤怨援缘渊鸳鹓智鼍塬芫橼螈爰沅媛嫄鹓袁羱猿辕喧萱轩谖"等字韵母为üan；"反翻繁凡番烦藩樊蕃璠縎膰帆矾钒蕃幡繁蹯燔梵宛"等韵母为an；"言掀犍芫骞塞犍"等字韵母为ian；"暖阮"的韵母为uan。以上韵字不管韵头如何，韵腹韵尾相同，即韵基为an韵字，今天仍为同韵字。但是，在"十三元"中还有下列韵字："恩奔贲喷盆门扪根跟痕"，韵母为en；"温辊村纯敦墩蹲惇炖吞暾屯饨豚臀轮论昏婚阍魂浑溷昆髡坤鲲鹍琨髡尊樽鳟"，韵母为uen；"垠斦"韵母为in；"沄蕴"韵母为ün。它们的韵基都为en。试问这些以en为韵基的字怎么能与前面以an为韵基的字同韵相押呢？

　　再如《佩文诗韵》的下平声"六麻"中，"巴琶麻叉差沙纱蛙瓜花华夸鸦牙芽涯家加嘉瑕霞"等韵字虽然韵母分别为a、ua、ia，而主要元音为a，是同韵字，今天读来仍然协调，但在"六麻"中，"车蛇遮奢佘"为e韵，"斜爷些爹嗟椰"为ê韵，"吾祖涂污"为u韵，e、ê、u与a怎能算同一韵部？而旧诗韵统归为"六麻"部，可以相押，结果读起来十分别扭。于是就出现了为协韵而改读字音的不科学现象。如读"车"che为cha，读"遮"zhe为zha，读"嗟"jue为jua（普通话没有这些音节），完全破坏了普通话音系的正常读音，违反了语音演变的客观规律。

　　现代普通话本相押韵的字，而在《佩文诗韵》中却分为两个韵部，除了古体诗允许邻近韵部相押外，近体诗不允许通押。如《佩文诗韵》的上平"一东""二冬"与今天读音完全相同，它们所辖字的韵母不外是 eng、ong、iong 三个。"一东"部共 174 字，活字只有 68 个，如"东同铜桐筒童僮中衷忠终虫崇戎弓宫躬雄熊融穹穷冯风枫丰充隆空公功工攻蒙笼聋洪红鸿虹丛翁葱聪通蓬烘潼朦胧峒总逢仲冢艨忡訩讧锺螽踵绒昽濛"；"二冬"共 120 字，活字只有 58 个，如"冬农宗钟龙舂慵松冲容蓉庸墉镛佣胸雍浓重从缝踪茸峰蜂锋烽恭供琮淙憧凶溶颙喁廊邕邛丰蚣彤匈纵龚枞秾脓壅壅憧共淞茏松淞封"等。为什么押韵时硬要把同音的一个韵部强分为二，把能得到的一些选词择字的自由放弃不用呢？

又以《佩文诗韵》的上平"十灰"为例，其中共 111 个字，现代能用的活字，韵母收 ei 者 31 字，如"灰恢魁隈回枚梅媒煤瑰雷催摧陪堆杯嵬推傀崔茴斐培坯裴聩酶莓悝胚诙煨桅"等，韵母收 ai 者 28 字，如"徊槐开户哀埃台苔该才材裁垓皑来莱栽灾猜胎孩陔唉咳台呆抬郃"等。押"灰"韵时，或在上述 ei 韵 31 字中选用，或在 ai 韵 28 字中选用，这么一来，选字择词的自由就受到更大的限制。而且 ei 与 ai 今天明显不同韵。押韵的作用是为了听起来和谐，有回环之音乐美，用旧诗韵在这里明显就失去了耳听和谐的效果，更谈不上回环之音乐美了。

总之，旧诗韵脱离现代普通话口语实际，分韵又太烦琐，实在到了非改革不可的时候了。

三　诗韵改革应沿着什么路子走？

纵观诗韵产生和发展的历史，是在韵书由简而繁再由繁而简的路子上产生的，它的发展道路并不笔直和平坦，有过曲折和回旋。不过简约化和口语化是诗韵发展的总趋势。质言之，析韵专家从严，用韵群众求宽，诗韵正是在这种矛盾对立统一的态势下发展的，改革也应循此规律进行和开展。

1324年，元人周德清根据当时北曲剧作，如关汉卿、马致远等戏曲作品的押韵用字情况，编纂了一部曲韵韵书——《中原音韵》。它把《广韵》韵部做了大量合并，又根据当时语音"平分阴阳，入派三声"①的实际，取消了入声韵字；还打破了《切韵》系韵书以调统韵的排列方法，实行"以韵统调"，同一韵部的字，平、上、去可以通押，故而不另立上、去两声的韵目。这样既便利用活的口语押韵，又促成了韵部的减少，分韵19部，从而开创了"北音系"韵书的先河，成为韵书发展史上第一个体现简约化、口语化的新韵书，因此，可称作诗韵改革的第一个里程碑。

1820年后，即清道光年间，戈载根据宋词用韵情况，在沈谦《词韵略》及赵荫、曹亮、仲恒、胡文焕、李渔等各自《词韵》韵书编写的热潮中，比较完备地编写出《词林正韵》。它分韵19部，不立韵目名称，用"一""二"标目。其中舒声14部，促声5部。②若按平、上、去声调计则为42部，加上入声5部，共计47个韵部，比《平水韵》106部减少59个韵目。若将19部加以剖析，其中14部的97韵目与《平水韵》完全相同，仅有5部9个韵目一分为两半。充其量《词林正韵》不过是旧诗韵的大致合并罢了。它还是在《切韵》系的韵书里转圈子，虽然比较接近当时的唐宋语音，但未从根本上解决韵书与实际语音脱节的矛盾。所以笔者在《诗韵探新》第二章第三节里称它为旧诗韵的承袭和

---

① 元时，原来声母是浊音的平声字变为阳平，原来声母是清音的平声字变为阴平，叫"平分阴阳"；入声字在消失的道路上变化着，分别派入阴平、阳平、上声、去声里，叫"入派三声"（平、上、去）。

② 舒声指平、上、去三声，由于它们发音时声音舒展，故名舒声；促声指入声而言，因它发音短促急迫，故名促声。

延伸。不过《词林正韵》通用增多，押韵从宽，也给人们展示了诗韵发展从宽从简的前景。

1922 年，赵元任先生在美国哈佛大学依据《国音字典》编著了《国音新诗韵》，使韵书彻底走上与现代汉语口语相结合的道路。从口语化看，它是第一部新韵书，功不可没，但由于它偏重音典，析韵过细，又因袭《切韵》体制，以阴平、阳平、上声、去声、入声五声为纲，统摄了 103 个韵部，过于烦琐，违反了群众用韵定韵宜宽的原则，因而不受群众的欢迎。正由于它过细过烦，与诗韵发展趋向简约背道而驰，故可称作诗韵发展激流中的回旋。

1939 年，张洵如把长期在北方人民中口耳相传的皮黄、鼓词等曲艺和京剧唱辞用韵的十三大类，收集整理成书，定名为《北京音系十三辙》。其实"十三辙"脱胎于《中州韵》，即《中原音韵》。由元至明清，汉语语音变化为：北方话入声韵①消失，阴声韵保留，阳声韵由三个减少到两个。"十三辙"正反映了这种近似普通话的北京音系。所以，"十三辙"是群众用韵的自然选择，是继《中原音韵》之后诗韵的又一个新发展。直至今日，皮黄、鼓词、京剧唱词的韵脚分类仍以"十三辙"为准。这充分反映了群众用韵求简约、要上口的趋势。它恰与专家赵元任析韵过细、可用性差、生命力短促的《国音新诗韵》形成鲜明的对照。不过作为音典，它却失之于粗疏。

如何把专家对音典审音从严、析韵求细和群众写诗用韵从宽、定韵求约结合起来？这是诗韵改革必须解决的问题，而实践

---

① 韵尾为塞辅音［-p］［-t］［-k］的叫入声韵，为元音［-i］［-u］［-y］的叫阴声韵，为鼻辅音［-m］［-n］［-ŋ］的叫阳声韵，由元至明清，阳声韵的［-m］韵尾失落，只剩［-n］［-ŋ］韵尾保留至今。

起来，宽严结合、精约恰当，的确不易。

　　黎锦熙、白涤州两位先生于1932年后编著了《国音分韵常用字表》，重新确立18个韵部。各部以阴平、阳平、上声、去声分别统摄同韵的常用字，又规定了几个韵部的通押。由于这部常用字表由人文书店的前身——佩文斋——出版，故名《佩文新韵》。但它用"狮""蝶""龙"等虫名做韵目，人们认读和应用不大习惯。1941年，黎、白二位先生修订《佩文新韵》时，将这些虫名韵目改名为旧韵书所习用之字，将书名也改为《中华新韵》，当时的民国政府还将《中华新韵》作为官韵在重庆公布。

　　中华人民共和国成立后，韵书沿着两条线发展：一是《中华新韵》；二是"十三辙"。具体分析情况笔者在《诗韵的发展与改革》一文中有较详的论述。

　　实践证明，诗韵改革要走口语化和宽松简约的路子，不可偏废。戈载的《词林正韵》虽然简约，押韵从宽，变诗韵106部为19部，适于填词押韵，但没有口语化，未从根本上解决韵书与实际口语脱节的矛盾，违背了诗韵发展要求口语化、耳听的规律。近人赵元任先生在语言学方面的建树甚高，而他精心编制的《国音新诗韵》的确是北京语音系统，但他分韵103部，过分追求精密细致，却脱离了群众用韵从宽的实际，违背了诗韵发展趋向简约化的规律。这两种倾向的偏颇，都应该引以为戒。后来的《十三辙》证明，诗韵发展的动力是广大韵文工作者在作诗用韵实践中要上口、求简约，反复探索、相沿成习的惯性。黎锦熙先生等学者所著的《中华新韵》的问世，以此为准，改名《诗韵新编》再三再四地出版和发行24万多册的客观事实，完全证明了一个结论：把专家审音析韵要求音典从严求细，和群众作诗用韵定韵要求在口语规范化前提下宽松简约相结合，适当照顾方言，达到口眼耳三者和谐，是当今诗韵改革的康庄大道。

（原载《中国音韵学研究会第十一届学术讨论会暨汉语音韵学第六届国际学术研讨会论文集》）

论新诗韵九道辙的科学性与可行性

一

新诗韵是指新的诗韵，而不是新诗的韵。它是相对旧诗韵而言的新韵书，其"新"就在于与同时代汉语口语相和谐，通常是指"十三辙"和《中华新韵》以来的新韵书。如黎锦熙的《增注中华新韵》，上海古籍出版社、中华书局多次出版的《诗韵新编》，罗常培的《北京俗曲百种摘韵》，郑林曦的《怎样合辙押韵》，秦似的《现代诗韵》，高元白的《新诗韵十道辙儿》及笔者在《诗韵探新》中所列的九道辙。

九道辙包括"发""来""高""战""唱"五个专押的单一韵辙和"斗""诗""风""乐"四个通押的合成韵辙。它们各自所辖的韵和韵母是："发"：a, ia, ua；"来"：ai, uai；"高"：ao, iao；"战"：an, ian, uan, üan；"唱"：ang, iang, uang；"斗"：u；ou, iou；"诗"：i [-ɿ], i [-ʅ]; er; i; ei, uei; ü；"风"：en, in, uen, ün；eng, ing, ueng；ong, iong；"乐"：o, uo；e；ê, ie, üe。合计19个韵，39个韵母。口诀为：诗风

发，乐高唱，来战斗。

若把九道辙和其他新诗韵作一比较（表见下页），就会发现，并韵合辙是规律，简约便当是方向。仅以九道辙与曲艺界常用的《十三辙》比较，就会发现，一对一的有五道辙：发——发花；来——怀来；高——遥条；战——言前；唱——江阳。这五道专押的单一韵辙一字名称比两字名称简约。合成韵辙中一对二的有四道辙：

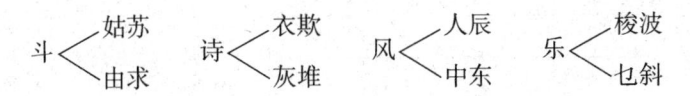

斗 ← 姑苏／由求　　诗 ← 衣欺／灰堆　　风 ← 人辰／中东　　乐 ← 梭波／乜斜

这四道辙是由八道辙合并而来，16个字的名称变为4个字的名称，当然简约便当。

新诗韵九道辙不是直接从《十三辙》中并韵合辙的结果，而是在《中华新韵》及《新诗韵十道辙儿》的基础上再通押、并韵、合辙的产物。其动因还是诗人作诗用韵求简约的实践活动。

黎锦熙先生在中华人民共和国成立前曾与白涤州先生合著的《中华新韵》成为当时国民政府颁布的新韵书。中华人民共和国成立后他没有中断诗韵改革的步子，1950年出版了《增注中华新韵》，1965年他又写了《诗歌新韵调研四种》一书（此书虽未出版，但《中国语文》1966年第2期刊载了部分内容）。书中谈道："今天既有《汉语拼音方案·韵母表》所反映的'北京音系，作分韵的标准，通过语音科学的分析归纳，正规的韵母定为十八部——单韵母 a（麻）o（波）e（歌），补上 ê 皆 ï（支）er（而），还有 i（齐）u（模）ü（鱼）；复韵母 ai（开），ei（微），ao（豪），ou（侯）；鼻韵母 an（寒），ang（唐），en（痕），eng（庚），ong（东）。于是十八韵减为十一道辙。"[①] 兹将

---

① 高元白：《新诗韵十道辙儿》，陕西人民出版社1984年版，第7页。

新诗韵九道辙与其他新诗韵关系对照表①

十三辙	中华新韵	汉语拼音方案韵母系统	十一辙	十道辙	九道辙
发花	1 麻	a、ia、ua	1 麻	1 发	1 发
梭波	2 波 3 歌	o、uo e	2 波、歌	2 歌	7 乐
乜斜	4 皆	ê ie üe	3 皆	3 写	
怀来	5 开	ai uai	5 开	5 来	2 来
衣欺	6 支	i〔-ɿ〕〔-ʅ〕	支	4 诗	9 诗
	7 儿	er	儿		
	8 齐	i	4 齐		
灰堆	9 微	ei、ui	4 微		
衣欺	11 鱼	ü	鱼	7 斗	6 斗
姑苏	10 模	u	模		
由求	12 侯	ou、iou	7 侯		
遥条	13 豪	ao、iao	6 豪	6 高	3 高
言前	14 寒	an、ian、uan、üan	8 寒	8 战	4 战
江阳	16 唐	ang、iang、uang	9 唐	9 唱	5 唱
人辰	15 痕	en、in、uen、ün	10 痕	10 风	8 风
中东	17 庚 18 东	eng、ing、ueng ong、iong	11 庚 东		

十一道辙排列于下：一麻 a, ia, ua；二波 o, uo, 歌 e；三皆 ê, ie, üe；四支 i〔-ɿ〕〔-ʅ〕；儿 er；鱼 u（通模），模 u（通鱼）；微 ei, ui；齐 i；五开 ai, uai；六豪 ao, iao；七侯 ou, iou；八寒 an, ian, uan, üan；九唐 ang, iang, uang；十痕 en, in, uen, ün；十一庚 eng, ing, ueng；东 ong, iong。黎氏的十一道辙

---

① 高元白先生所著《新诗韵十道辙儿》将模、侯二韵并为"斗"辙，"诗"辙只辖支、儿、齐、微、鱼五韵，此前黎锦熙先生的十一道辙的第 4 辙却包括了支、儿、齐、微、鱼、模六韵，侯韵独为第七辙，黎氏第二辙辖波、歌二韵，高氏称"歌"辙，黎氏第十一辙辖庚、东二韵，高氏并第十、十一辙为"风"辙，其他麻、皆、开、豪、寒、唐六韵变作"发""写""来""高""战""唱"六辙。九道辙仅把高氏"歌""写"两辙合为一"乐"辙。故新诗韵九道辙实为"黎高新韵"的延续和发展。

没有专立辙名，它却为后来十道辙、九道辙的产生奠定了坚实的基础。

《新诗韵十道辙儿》①是高元白先生在黎氏十一道辙的基础上将十痕与十一庚、东并韵通押合成一个"风"辙；将第四辙的模韵与第七辙的侯韵合成一个"斗"辙；将第二辙的波韵、歌韵叫"歌"辙；将第四辙支、鱼、微、齐、儿等韵叫"诗"辙；其他的一麻、三皆、五开、六豪、八寒、九唐分别更名为"发""写""来""高""战""唱"辙。当然，高先生还开了"写歌""诗斗"两道分韵辙儿，分别解决 e、ê 通押和 u、ü 通押（黎氏第四辙模鱼本已通押）的问题。该书列有新诗例证，拙著《诗韵探新》②第二至六节，第 63—118 页也有例证和论证，这里不须赘言。若就《中华新韵（十八韵）》的通押而言，高氏比黎氏扩大了三个通押范围，这就是模与侯，歌与波，痕与庚、东。因此称《新诗韵十道辙儿》为"黎高新韵"也名副其实。

笔者在潜心学习和宣传"黎高新韵"的实践中，偶然发现今人写诗也有波、歌、皆三韵通押，实质上是"十三辙"中梭波辙与乜斜辙可以合并，从而斗胆取消《写歌》分韵辙，将高氏的"歌""写"两辙并为一辙。此辙叫什么好呢？音乐的"乐"和快乐的"乐"，同为一字而有两读，故命名为"乐"辙，身兼二韵而通押。所以，新诗韵九道辙科学可行的核心，就是"乐"辙建立的科学性与可行性。

---

① 高元白：《新诗韵十道辙儿》，陕西人民出版社 1984 年版。
② 李慎行：《诗韵探新》，陕西旅游出版社 1996 年版。

二

新诗韵九道辙的核心问题是论证"乐"辙成立的科学合理与可行性。下面拟从诗词用韵的实践、音典归字的分配、汉语音韵的发展历史、口腔舌位的分析几方面进行论证。

先看诗词用韵的实践。只要一首诗或一阕词中，韵脚字有波韵 o、uo，歌韵 e，皆韵 ie、üe 三韵通押的，就是"乐"辙。现列四首诗与三阕词为证：

1. 五言诗：近代学者黄季刚效古诗两首[①]

效李都尉《从军》

　　远道送行人，装回对尊酌 e。浮云暮南征，乡思不可托 uo。如彼辞根蓬，随风互零落 uo。凤昔同绸缪，相爱不为薄 o。努力事荣名，勿负平生约 üe。

效班婕妤《咏扇》

　　轻纨制圆扇，皎洁如明月 üe。常得亲玉手，摇动祛炎热 e。微物春明思，虽劳不肯歇 ie。凉风下玉阶，弃置焉能说 uo。旧好不如新，君情长断绝 üe。

2. 四言诗：陈毅元帅《飞越喀喇昆仑山喜赋》[②]

　　群峰寂静，唯见白雪 üe。单机绕行，山口狭窄 e。穿云出雾，时明时灭 ie。俯地瞰天，惊心动魄 o。朝阳东去，光

[①] 黄季刚：《黄季刚诗文钞》，湖北人民出版社 1985 年版，第 88 页。
[②] 陈毅：《陈毅诗词选》，人民文学出版社 1977 年版，第 177 页。

景奇绝 üe。

3. 《革命烈士诗钞》中周文雍的绝笔诗①

　　头可断，肢可折 e，革命精神不可灭 ie。志士头颅为党落 uo，好汉身躯为群裂 ie。

4. 词：毛泽东《念奴娇·昆仑》②

　　横空出世，莽昆仑，阅尽人间春色 e。飞起玉龙三百万，搅得周天寒彻 e。夏日消溶，江河横溢，人或为鱼鳖 ie。千秋功罪，谁人曾与评说 uo？　而今我谓昆仑，不要这高，不要这多雪 ue。安得倚天抽宝剑，把汝裁为三截 ie？一截遗欧，一截赠美，一截还东国 uo。太平世界，环球同此凉热 e。

5. 词：谈立人《贺新郎·纪念反法西斯战争胜利五十周年》③

　　往事仍须说 uo，想当年，法西斯灭 ie，世人狂悦 ue。环宇不遭魔鬼祸，历史翻开新页 ie。抬望眼，红旗猎猎 ie。四海高歌新乐土，叹难禁风雨频夭折 e。厦自毁，更凄绝 üe。

　　霸权主义狼心黠 ie，逞凶风，萝卜大棒，杀生予夺 uo。

---

① 北京大学中文系中国现代文学教研室等编：《新诗选》，上海教育出版社 1980 年版，第 599 页。
② 《毛泽东诗词选》，人民文学出版社 1993 年版，第 55—56 页。
③ 谈立人：《贺新郎·纪念反法西斯战争胜利五十周年》，《人民日报》1995 年 7 月 24 日。

余孽画皮思再起，罪史妄图再抹 o。犹咏唱，兴亡空送 ie。留给渔樵谈笑料，算人民历史丰功没 o！妖再起，望秋月 üe。

6. 词：霍松林《鹊踏枝》①

恼乱烦愁何处着 uo！月子无情，故故穿朱阁 e。常是芳时甘寂寞，东风空送秋千索 uo。　　草长鹰飞浑似昨 uo，好梦惊回，事影都忘却 üe。帘外犹喧争树鹊，罗衾怎奈春寒恶 e。

以上诗词，不管首句入韵与否，它们都是波、歌、皆三韵通押，并辙后笔者称之为"乐"辙，是水到渠成，如实反映这一诗韵的新轨迹的。

从音典（即韵书，包括辙名、音节、常用字等）角度看，合并高先生"歌""写"二辙，取消"写歌"分韵辙儿，建立"乐"辙也是行得通的。调查高元白先生《汉语新诗韵十道辙儿同韵常用字简表》②知："风"辙音节 88 个；常用字 643 个。依次为："诗"50，696；"战"49，513；"斗"44，478；"歌"37，306；"唱"32，279；"高"29，299；"发"29，245；"来"24，133；"写"17，135。看来，"写"辙辖音节最少，常用字数也在倒数第二。把"歌""写"两辙并为一"乐"辙，辖音节 54 个，常用字 441 个，也比"风"辙少 34 个音节、202 个常用字。因此，从所辖音节和常用字的均衡看，"乐"辙的建立完全是合理可行的。

---

① 霍松林：《唐音阁吟稿》，陕西人民出版社 1991 年版，第 230 页。
② 高元白：《新诗韵十道辙儿》，陕西人民出版社 1984 年版，第 50—88 页。

论新诗韵九道辙的科学性与可行性　59

要论证"乐"辙成立的科学性,还得从皆韵字与歌韵字通押的历史谈起。

从汉语语音发展历史看,皆韵 ê 取得主要元音的地位时代较晚。诚如高元白先生所讲:"在元代《中原音韵》中,从 a(家麻),o,e(歌戈)里抽出来,另成"车遮"一部,不过它里面混入一些 ê 韵字。到了《十三辙》的"乜斜"辙儿,就都是纯粹 e 韵字了,原来 e 的合口呼早就变成 o 了,e 的齐齿呼,撮口呼也在几百年前变成只有齐撮两呼的 ê 了。e 就只有在开口呼音节里出现。"图示如下:

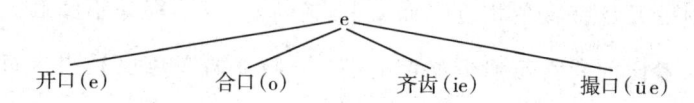

```
              e
    ┌─────┬─────┬─────┐
  开口(e) 合口(o) 齐齿(ie) 撮口(üe)
```

这样就可以从历时的角度看出皆韵 ê 来源于歌韵 e 的母子关系来。

若把今天的皆、波、歌韵字与上古音韵部所辖韵字作一比较(将唐作藩先生的《上古音手册》①辖今皆、波、歌韵字做了调查,鉴于制版困难,仅将字数列出),就会发现,上古月部辖今波韵字 31 个,歌韵字 13 个,皆韵字 95 个;依次铎部:波 78,歌 3,皆 5;职部:波 8,歌 33,皆 3;屋部:波 20,歌 1,皆 4;物部:波 9,歌 2,皆 3;之部:波 2,歌 1,皆 1;锡部:波 3,歌 17,皆 0;叶部:波 0,歌 11,皆 31;质部:波 0,歌 1,皆 33;辑部:波 0,歌 12,皆 0;支部:波 0,歌 0,皆 13;脂部:波 0,歌 0,皆 7;觉部:波 0,歌 0,皆 2。

归纳起来,在上古 13 个韵部中,有 6 个韵部(月、铎、职、屋、物、之)所辖字在今天是波、歌、皆三韵通押的,只是所辖通

---

① 唐作藩:《上古音手册》,江苏人民出版社 1982 年版,第 1—182 页。

押字各部多少不同罢了。在叶部和质部中是歌、皆两韵字通押；在锡部中是波、歌两韵字通押，辑部为今歌韵字；支、脂、觉三部为今皆韵字。这样，就歌韵与皆韵通押而言，上古有 8 部，比三韵通押多了两部。当然对《上古音手册》的调查，只能说明这些字在上古押韵的分布情况，实际读音还是有变化的。不过它从侧面证明，今天一些皆韵字与波韵、歌韵字通押是有历史渊源的。

从口腔与舌位分析，o［o］是圆唇高中后元音，e［ɤ］是不圆唇高中后元音，e［ə］是自然唇（不圆唇）央正中元音，ê［ɛ］是不圆唇低中前元音。o［o］与 e［ɤ］仅是圆唇与否之别，都是高中后元音，音色相近，而 e［ə］与 ê［ɛ］都是不圆唇元音，只是后者比前者舌位略低略前一些。e 与 ê 的音色也是很接近的，《汉语拼音方案》规定，e 与 ê 只用一个字母，用符号 "^" 来区别。ê 是独用的形式，与其他字母拼音时即去掉符号，成为 ie，üe。《中华新韵》的皆韵字 ê、ie、üe，在《十三辙》中是乜斜辙；在《新诗韵十道辙儿》中是 "写" 辙；歌韵 e 和波韵 o，uo 在《十三辙》中是梭波辙；在《新诗韵十道辙儿》中是 "歌" 辙。既然 o、e、ê 音色相近，从宽模糊一点可以通押，那么，合并梭波与乜斜两辙为一辙，即将高氏的 "歌" "写" 两辙并为一辙，统名为 "乐" 辙，"写歌" 分韵辙自然也就不需出现了。

新诗韵九道辙是以汉语普通话音系归纳用韵的，同时也照顾到多数人的方言区用韵通押的灵活性。如痕韵（人辰辙）en、in、uen、ün 在陕西关中西府如扶风等方言区多读成庚韵和东韵（中东辙）eng、ing、ong、iong，前鼻音变成了后鼻音，而在南方一些方言区却恰恰相反，把后鼻音读成了前鼻音，这就为合并痕、庚、东三韵为一 "风" 辙提供了方言用韵的依据。陕西关中人把学校的 "学"、音乐的 "乐"、快乐的 "乐" 都分别念成 xuo、 yuo、luo，这就为波韵、歌韵、皆韵通押的"乐"辙的建立提供了方言依据。湖北人把"回"读成"怀"，这就为微韵 ei、ui 与开韵 ai、uai 通押的"诗来"分韵辙的建立提供了方言依据。陕西关中人读"呼吁"的 yu 为 yuo（普通话无此音节，合口呼的介音 u 若与 j、q、x 相拼则变成撮口呼 ü），这就为鱼韵与波韵通押的"诗乐"分韵辙的建立，提供了方言的依据。

应该指出的是，皆韵字旧读多为入声韵，因此跟它相押的波、歌韵字也多为入声。这样，一举"乐"辙诗词用例往往会被人讥笑为"不懂入声，欠缺常识"。其实在《诗韵新编》里，皆韵字共 288 个，非入声字仅 75 个，旧读入声字 213 个，几乎为非入声字的三倍，占皆韵字近 74%，齐韵字共 777 个，旧读入声字 273 个，占齐韵字 35% 多。① 这也许是讥笑"乐"辙和"诗乐"分韵辙诗词用例的"根据"吧。可是，在现代汉语普通话中，入声明明已经消失，硬要抱着它不放，这不是刻舟求剑吗？要求今天多数不知入声、不用入声的诗人词家必须用入声韵写诗填词，这不是削足适履吗？因此，指责用"乐"辙、"诗乐"分韵辙去归纳今人写旧诗词是"欠缺常识"的论调应该休矣。

（原载《宝鸡文理学院学报》1999 年第 4 期）

---

① 中华书局上海编辑所编辑：《诗韵新编》，上海古籍出版社 1978 年版，第 32—48、62—85 页。

九道辙无人声,便利吟诗人[*]

作诗必须押韵,这是继承中华传统文化的需要,而为适应普通话及多数人方音变化的实际,诗韵必须改革。历史实践证明,诗韵发展的内部规律是趋向口语化和简约化,诗韵改革理应循此规律前进。《九道辙》就是诗韵改革的一个尝试。它包括"发""来""高""战""唱"5个专押的单一韵辙和"斗""乐""风""诗"4个通押的合成韵辙。为适应传统称谓的习惯和音典求细的需要,《九道辙》也可用19个韵目称呼。即"发"(麻)、"来"(开)、"高"(豪)、"战"(寒)、"唱"(唐)、"斗"(模、侯)、"乐"(波、歌、皆)、"风"(痕、庚、东)、"诗"(思、识、齐、儿、微、鱼)。每个辙所辖韵目按要求都用汉语拼音字母注音,因照顾老年人用惯注音字母,在拼音字母下又列国语

---

[*] 该文是从《九道辙》自序《诗韵改革ABC》长篇截取C文而来。A文《论诗韵及其改革》;B文《论新诗韵九道辙的科学性与可行性》;C文《九道辙无人声,平仄照讲——关于古人声字的调查》曾单篇先后被《西部论坛》《祁连论丛》《宝鸡文理学院学报》《中国当代思想宝库》《中国精典文库》刊用。连缀成一篇后,三个小标题为:A.写诗歌要押韵,韵得改革;口语化、简约化规律应循。B.重继承又创新、与时俱进,新诗韵九道辙科学可行。C.《九道辙》无人声,平仄照讲,新旧诗用新韵便利今人。且C文内容增删改动较大,这次重新刊出标题和注释也有改动。

注音字母,在音典里要区别"思""识"的韵,适量用了两个国际音标。在学术交流中,有人说"九道辙无入声,平仄难讲""写新诗不押韵照样通行""写旧诗押新韵别出心裁""写旧诗押旧韵天经地义"。对这些问题要取得共识,尚需切磋讨论。下分三点谈谈个人浅见。

一 作新诗用新韵,天地广阔,《九道辙》词条丰,任尔选用

作新诗用新韵是针对作新诗不用韵而言,没有人主张作新诗用旧韵。

"写新诗不押韵,照样通行",这句话没有错,反映了客观存在。因为本来诗歌以思想意境为主,自由体的新诗,只要思想意境是好的,未尝不可以成为优秀的作品。"五四"以来就出现过许多成功的自由体新诗,如郭沫若的《女神》、臧克家的《烙印》、艾青的《火把》、田间鼓点式的短促节奏诗《给战斗者》等。朗诵诗也多选用这种自由体,青年诗作沿此道行者后继有人。不过,还应该看到,诗歌的格律可以加强诗歌的艺术效果。自"五四"以来,也有不少人写新诗,力求探索新的格律。如闻一多就努力寻求"节的匀称""句的均齐",讲求音组的等量和定额(每行有定数,隔行相等,或每行相等),以求诗的建筑的美、音乐的美,他写的"一句话"新诗按《九道辙》衡量也押着"乐"辙波韵。老诗人柯仲平更主张诗的口语化,大众化,尝试民族形式的建立,在他的诗里可以听到民歌说唱调子、旧诗的调子和现代新诗的调子交相辉映,他的诗如《告同志》等大多是押韵的。萧三的《送毛主席飞重庆》也尝试着每段偶句用韵。后来袁水柏的《马凡陀的山歌》、李季的叙事长诗《王贵与李香香》、

阮章竞的《漳河水》、郭小川的《将军三部曲》等都承继了传统诗歌和民歌的优秀传统，写出了新鲜活泼的有韵的新诗来。20世纪50年代末出版的《红旗歌谣》，以及大量陆续结集出版的山歌、民谣等都是有韵的文体。尤其是改革开放以来，中华诗词学会及全国各地成百上千个诗会、诗社如雨后春笋，蓬勃兴起。这些诗会诗社发表的诗大多是继承五七言传统的新诗歌。可以说今天继承传统蔚然成风。笔者预料，今后新诗创作的方向是以现代普通话为工具，适量掺杂方言用韵，在民歌和古典诗歌的基础上，借鉴外国诗歌的形式来创造我国格律体的现代新诗。因此，对于诗篇的安排、章节的布局，以及诗行、诗步、韵脚这些有关音乐之美的形式，都可能成为诗人创作实践中考虑探索的对象。如今正是诗人群众创造新诗格律百花齐放、推陈出新的历史时期。就押韵而言，有句句押韵、一韵到底的；有偶句用韵、隔句相押的；有邻韵相押、中间换韵、一诗多韵的。就字句而论，三言（每句三字）、四言、六言都有，不限于五言、七言；在四句、八句之外也有六句、十句、十二句、长短句不等。真是天地广阔、任尔遨游。可以说，作新诗用新韵，大有可为。

　　韵文发展至今不限于诗，京剧、秦腔、豫剧、眉户，以及曲艺等唱词，陕西快板、山东快书、民歌、山谣、儿歌童谣、数来宝等顺口溜，都有押大致相近的韵的趋势。为适应这些要求，《九道辙》在《诗韵新编》韵字、词条的基础上，汲取了韩品夫先生的《汉语用韵手册》，以及《新华字典》《现代汉语规范字典》《汉语词典》（原黎锦熙主编《国语词典》修订本）、《辞源》《辞海》等某些词条和义释，共列韵字7696个，词条68171个。体例安排顺序为：先辙（九道）、辙中分韵目（共19个），韵字按阴平、阳平、上声、去声四个声调划分，再按汉语拼音字母顺序排列。韵字后的词条先双音节词，后多音节词、成语、固定词组、格言、名句、熟语、谚语、习惯用语、歇后语等尽量收录其中，为今人写韵文选词择句，实在提供了方便和自由。①

二　细调查，实摸底，慎下结论，九道辙无入声，照讲平仄

有人说，《九道辙》没有入声，对于写律诗不能适用，因为失去入声平仄难讲。笔者认为，这个结论不切实际。诚然，平仄交替是律诗的最本质因素，毛泽东同志也说过，"律诗要讲平仄，不讲平仄，即非律诗"。如果不是犯糊涂或有意偷换概念的话，就不能得出"没有入声，即非律诗"的结论。

《九道辙》是依据现代汉语普通话语音编写的，普通话没有了入声，它也理应没有入声。而实际上，为照顾多数无入声字方言区人们理解传统律绝有入声的需求，笔者把旧读入声字分附在阴平、阳平、上声、去声四个声调的韵字内，用小六号"入"字嵌在该韵字的右上角。这和《诗韵新编》将阴平、阳平、上声、去声内的旧读入声字集中附在四个声调之后的道理一样。《诗韵新编》是依据黎锦熙、白涤洲所编的《中华新韵》十八部韵次排列的（见《诗韵新编》凡例第一条说明），几十年来经中华书局和上海古籍出版社几次修订和多次印刷，仅1981年第3次印刷印数就达22.4万多册，说明它在社会上应用之广，影响面之大。《九道辙》又是在它的基础上并韵合辙增补词条的产物，除了将支韵分为无入声字的"思"韵和有入声字的"识"韵外，其他韵目一字未变。

---

① 李慎行：《九道辙》"体例说明"，中国文化出版社2005年版，第21—22页。

兹将《九道辙》韵目、音节、韵字、平仄及词条统计列表于下：

《九道辙》音节、韵字、平仄及词条统计表

辙	韵目	音节	韵字（入）	平声（入）	仄声（入）	词条
风	痕	122	609	326	283	5931
	庚	92	506	322	184	5167
	东	50	262	178	84	3190
	小计	264	1377	826	551	14288
来	开	74	230	85	145	1964
高	豪	105	579	306	273	418
战	寒	156	1034	501	533	9494
唱	唐	105	467	265	202	4831
斗	侯	41	365	181	184	2999
	模	68	62（206）	284（95）	340（111）	5896
	小计	109	989（206）	465（95）	524（111）	8895
乐	波	65	395（212）	208（94）	187（118）	2371
	歌	41	258（170）	129（74）	129（96）	2709
	皆	49	289（214）	143（110）	146（104）	2574
	小计	155	942（596）	480（278）	462（318）	8014
发	麻	92	390（152）	226（93）	164（59）	2811
诗	思	10	99	52	47	1189
	儿	3	11	2	9	146
	微	67	376	157	219	2663
	识	13	196（60）	81（30）	115（30）	2366
	齐	44	742（242）	350（101）	392（141）	5387
	鱼	21	264（63）	113（18）	151（45）	1942
	小计	158	1688（365）	755（149）	933（516）	13693
合计		1218	7696（1319）	3903（615）	3787（704）	68171

统计表明，《九道辙》共有韵目19个，音节1218个，韵字7696个，平声3903个，仄声3787个，平仄基本相当，作律诗绝句要求音步平仄交替是办得到的。就入声字消失而言，"来"（开）、"高"（豪）、"战"（寒）、"唱"（唐）、"风"（痕、庚、

东）五道辙本无入声韵字，不存在消失与否问题，只有"乐"辙（波、歌、皆）、"发"辙（麻）和"斗"辙的模韵，"诗"辙的识、齐、鱼等 8 个韵母存在旧读入声字共 1319 个，派入上去声的 704 个仍为仄声，派入平声的 615 个（阴平 159，阳平 456 个），具体分布如下：

（一）"乐"辙 278 个：1. 波韵 94 个。阴平 2 个为"拨鲅钵般剥，撮，戳，郭蝈啯，摸，泼朴，缩，说，脱托饦，作，桌涿捉"。阳平 72 个为"孛荸浡勃渤鹁白伯柏泊铂舶箔帛博搏膊镈镈薄礴铍怫百踣踆襮雹驳亳袚，膜，夺铎咄掇泽剟裰，佛，国帼掴虢漍，活，橐，作筰捽昨，拙酌浊斫擢濯着灼啄卓镯彴桎苴鷟浞缴"。2. 歌韵 74 个。阴平 14 个为"鸽割搁胳疙纥咯，喝，颏磕瞌搕，着蜇"。阳平 60 个为"得德，额，格阁骼蛤革葛轕鬲膈嗝隔，合涸盒核劾阂曷鹖盍阖貉翮龁纥，咳壳搕，舌折什，责啧簧帻赜则鲗咋舴泽窄贼，哲晢蜇折摺摘碟蛰宅辄辙翟"。3. 皆韵 110 个。阴平 24 个为"憋鳖，跌，噎，约曰哕，接揭，撅撧，捏，撇瞥，切，缺阙，贴帖，歇蝎楔，削薛"。阳平 86 个为"别蹩，蝶堞堞谍蹀鲽叠耋眣迭瓞垤咥跌，结洁拮桔诘颉楬竭碣节桔篪捷睫截子疖桀撷评劫杰，角桷决诀抉觖鸠厥蕨蹶橛獗爵嚼燏潏滪鐍夔攫孓玨倔掘崛噱屩脚觉绝，茶，协胁挟撷缬勰絜，学莺穴噱，拽"。

（二）"发"辙（麻韵）93 个。阴平 35 个为"八捌，擦，插锸，答搭瘩耷，发，刮聒适鸹栝，夹浃，掐，撒，杀鎩煞，刷，塌搨，挖，瞎，鸭压押，匝咂扎拶"。阳平 58 个为"拔跋茇魃，察，达挞鞑答怛笪，乏罚伐阀筏垡茷砝，轧，划滑猾，夹浃铗荚峡颊恝夏，邋，侠狭峡挟硖匣柙呷洽黠辖，杂砸，闸札扎轧炸铡喋雪蜥"。

（三）"斗"辙的模韵95个。阴平13个为"出，督，忽惚唿欻，哭窟，扑仆噗，秃，屋"。阳平82个为"读渎牍椟犊黩讟毒碡蠹髑顿笃独，服鹏伏茯弗佛苻艴沸怫绋拂氟福幅蝠辐袚绂黻袱袱缚匐，骨，鹄鹘斛槲縠觳囫，仆瀑璞醭幞蹼濮，孰熟塾叔菽淑赎秫，俗，突凸，竹竺筑逐瘃烛蠋躅妯轴舳劚术，足卒捽族镞"。

（四）"诗"辙识韵、齐韵、鱼韵共149个。1. 识韵30个。阴平7个为"吃，失湿虱，只汁织"。阳平23个为"石食实识蚀拾十什硕，直值植埴殖执蛰絷掷踯趾侄摭"。2. 齐韵101个。阴平38个为"逼，滴菂，积迹禝绩唧击屐激，劈霹，七柒戚喊漆缉，踢剔，息蟋夕吸悉窸蟀析淅晰蜥皙膝，一壹揖"。阳平63个为"鼻荸，敌，苖涤的狄荻迪籴适觌翟籴镝嫡蹢，极级汲及芨笈岌楫辑脊瘠踖鹡疾嫉蒺棘急亟殛唶踖吃蛭革即唧集寂籍藉戢吉，席习昔惜腊锡裼媳熄隰鹥袭檄"。3. 鱼韵18个。阴平6个为"锔，曲屈蛐诎，戌"。阳平12个为"局橘菊侷跼掬鞠踘鞫鵴，曲蛐"。

这615个入声字派入了普通话的平声，似乎仄声字少了很多，但就整体而言，仄声字仅比平声字少122个。从押韵讲，律绝只押平声韵，这615个入声字在普通话里变为平声，扩大了平声字群，也就扩大了押韵的领域范围，对今人写律绝提供了方便。因此，结论是：普通话无入声，平仄照讲，写律诗吟绝句亦然适用。

三 作旧诗用新韵自然顺口，论音值新平仄合乎潮流

先说作旧诗。旧诗的体裁分两类：一类是古体诗，包括古诗（又称古风）和乐府；另一类是近体诗，包括律诗、绝句和词、曲。古风乐府形式自由，两言、四言、五言、七言、杂言均可，

押韵也较宽松，平声仄声可以通押，句句押韵，偶句用韵，中间换韵，偶尔出韵都行，只要完美地抒情达意，能感染启迪读者，一样会成为好诗。如李白的《蜀道难》《将进酒》，杜甫的《三吏》《三别》《自京赴奉先县咏怀五百字》，白居易的《长恨歌》《琵琶行》，还有李绅的《悯农》，王维的《相思》等，千百年来传诵不衰，有的已被收入《宝宝学古诗》《看图学唐诗》等，成为今天幼儿启蒙诵诗的好教材。现代诗人写旧诗，大多采用这种宽松的体裁。只要不注明"律""绝"，也就无须讲求平仄和对仗，这是正常现象。而律诗绝句则不然，它要求字句有定（五律8句40字，七律8句56字；五绝4句20字，七绝4句28字），只能押平声韵，偶句用韵，一韵到底，不许通押换韵和出韵，尤其是讲究平仄对仗，要求相当严格。因此毛泽东同志讲："律诗要讲平仄，不讲平仄，即非律诗。"[①]"旧诗可以写一些，但是不宜在青年中提倡，因为这种体裁束缚思想，又不易学。"[②] 不过今天全国各地诗词学会成员，老年人居多，学用格律吟诗填词，作为一种艺术追求是完全做得到的。

再说新韵吧。新韵是指以现代汉语普通话为准的诗韵。为什么以普通话为准？因为普通话是汉民族的共同语。半个世纪以来，党和政府一直重视推广它，并且纳入了宪法和法律。《中华人民共和国宪法》规定："国家推广全国通用的普通话。"（总纲第十九条）《中华人民共和国国家通用语言文字法》规定："本法所称的国家通用语言文字是普通话和规范汉字。国家推广普通话，推行规范汉字"（第二、三条），"汉语文出版物应当符合国

---

① 《毛泽东诗词选》，人民文学出版社1993年版，第165页。
② 同上书，第163页。

家通用语文字的规范和标准"(第十一条)。今天普通话已作为播音员、节目主持人、影视话剧演员、教师、国家机关工作人员的工作用语,被广泛使用,且要求取得资格证书,对不合格者培训合格才能上岗。因此,新韵指以现代汉语普通话为准是众望所归、民心所向,是《宪法》和法律"有作为"的要求。

所谓作旧诗押新韵,就是说基本上用古汉语按旧诗的体裁来作诗,但需要根据现代普通话语音来处理包括押韵、平仄的音律问题。

这里无妨将传统四声和普通话四声的音值作一比较。传统四声是指平、上、去、入,其音值历来有人描摹。唐代处忠说:"平声哀而长,上声厉而举,去声清而远,入声直而促。"(《元和韵谱》)明代真空和尚说:"平声平道莫低昂,上声高呼猛烈强,去声分明哀远道,入声短促急收藏。"(《玉钥匙门法歌诀》)清代顾炎武说:"平音最长,上去次之,入则戛然而止,无余音矣。"(《音论》)概括起来,平声音长,上、去较短,入声最短促。根据音节长短,分为平、仄(侧)两类。一首诗中,平仄长短音交替安排就构成旧诗体诗句的格律,造成语音铿锵之美。因此失去入声就失去了仄声的一种特色,失去平仄相异的情调,有没有入声,读起诗来,人们的听感是大不相同的。而普通话的四声是指阴平、阳平、上声、去声。这四声的调值与传统四声也不相同。据现代语音学分析,阴平是高平调(用五度制表示为55度),阳平是中升调(35度),上声是降升调要拐个弯(214度),去声是全降调(51度)。古代的入声自元代已派入平、上、去三声,平声又分了阴阳(这由周德清的《中原音韵》就可以看出)。查阅前表可知,旧读入声字常用的共1319个,现代转为上声、去声的704个仍为仄声,占一大半,转为阴平阳平的仅615个,占不到一半。习惯旧平仄的人难免以为失去或转化615个旧入声字，似乎给平仄协调造成困难，而实际上从今人用普通话吟诗、诵词的角度看，这个问题是不存在的。因为就调值看，普通话的四声仍然是有平、有抑、有扬，很具优美的语音风格。近体诗格律的契机——平仄交替仍然起着关键性的作用。近体诗格律的生命绝不因入声消失而消亡，仍然作用于诗的语音之美，增强诗的艺术性，绝不会因为作旧诗押新韵而使平仄失去应有的作用。再说，律诗绝句要求韵押平声，《九道辙》将615个旧读入声字按普通话语音归为平声，自然就扩大了平声字的押韵范围，这对今人写律诗绝句选择押韵词字不是大开了方便之门吗？

押韵和平仄的作用是歌唱或吟诵起来有一种抑扬顿挫回环之美。很显然，它要求的是"耳听"的效果，不是"眼看"的效果。现代诗人写旧诗，不是要求以今人之诗发古人之音，而是发今人之音，发普通话之音。如果仍然用旧韵，必然达不到耳听的效果。时有古今，音有转移。刻舟求剑，剑不可得，削足适履，蠢人不为。

综上所述，根据普通话语音处理包括押韵、平仄等音律问题，以求耳听和谐，就是诗韵改革的与时俱进，就能形成有生命的新的格律，这是现代文艺组成部分的旧诗所应走的阳光大道，也是诗韵历史发展的必然趋势。

有人说："我要写专押入声韵的诗，怎么办？"很简单，能写专押入声韵的诗，所用的方言里就有入声。《九道辙》还在普通话四声的韵字里，对旧读入声字的右上角注了个小"入"字作为备查，为作诗者押入声韵找韵字提供了方便。

笔者的已故恩师高元白先生在他的《新诗韵十道辙儿》的"后记"中讲："今日我们用旧诗格律，使它适应汉语语音的发展，成为有生命的格律，而不是僵化了的格律。这种群众能够朗朗上口，声入心通的旧诗，同在民歌及古典诗歌基础上发展起来的新诗一道齐放争艳，推陈出新，将诞生民族形式鲜明的、优美嘹亮的，闪烁时代光彩的'新体诗歌'。展望瑰伟的前景，令人意气风发，无限向往。"① 他高度赞扬和充分肯定今人写旧诗押新韵的道路，并展望了令人无限向往的美好前景，愿这一天早日到来！

（原载《宝鸡文理学院学报》2006年第2期）

---

① 高元白：《新诗韵十道辙儿》"后记"，陕西人民出版社1984年版，第96页。

律诗用韵有讲究　削足适履人不为

——从杜甫《登高》和毛泽东的三首七律看诗韵要与时俱进

律诗是讲求格律的一种文学样式。它要求字句有定，押韵严格，平仄分明，对仗工整。律诗必须是八句，每句五字叫五言律诗，简称五律，共40字；每句七字，叫七言律诗，简称七律，共56字。押韵是指句末的词，它们的后半截音相同或相近。具体说来，书写词的汉字，不管它声母（前半截音）如何，韵母要相同或相近；就韵母而言，不管有无韵头和韵头是否相同，只要韵腹和韵尾相同，就算同韵字。同韵字排列在一起就是一个韵脚，也就是押了韵。韵按声调排列，有平声和仄声之分，平声是指今阴平和阳平调；仄声包括上声、去声和古入声（个别方言有保留）。律诗只押平声，偶句（隔句）相押，全诗一韵到底，不许出韵和换韵，也就是说韵脚（押韵字）必须用同一韵部的字，不许用邻韵的字。至于首句末字入韵与否，五律可入可不入，七律一般首句入韵，也可用邻韵字入韵。至于平仄对仗，七律有更严格的规定，本文只谈用韵。

说到用韵，过去总是以"平水韵"为准的。如杜甫《登高》：

"风急天高猿啸哀,渚清沙白鸟飞回。无边落木萧萧下,不尽长江滚滚来。万里悲秋常作客,百年多病独登台。艰难苦恨繁霜鬓,潦倒新停浊酒杯。"这首诗是杜甫晚年穷困潦倒,在夔州重阳节登高有感而作,曾被前人誉为"古今七言律第一"。诗中既描绘了秋天长江边的惨淡景象,也感伤自身和时世的艰难苦恨。就押韵而言,韵脚"哀""怀""来""台""杯"都在平水韵上平声十"灰"部,完全合乎七律押韵的要求,而用现代普通话读起来,"哀""怀""来""台"的韵母是 ai,"回"的韵母是 uei,"杯"的韵母是 ei。虽然韵尾相同,韵腹却不同了。换句话说,"古今七言律第一"的杜甫《登高》诗,今天读起来并不和谐了。

再看毛泽东的三首七律:

红军不怕远征难,万水千山只等闲。五岭逶迤腾细浪,乌蒙磅礴走泥丸。金沙水拍云崖暖,大渡桥横铁索寒。更喜岷山千里雪,三军过后尽开颜。(《长征》①)

饮茶粤海未能忘,索句渝州叶正黄。三十一年还旧国,落花时节读华章。牢骚太盛防肠断,风物长宜放眼量。莫道昆明池水浅,观鱼胜过富春江。(《和柳亚子先生》②)

雪压冬云白絮飞,万花纷谢一时稀。高天滚滚寒流急,大地微微暖气吹。独有英雄驱虎豹,更无豪杰怕熊罴。梅花欢喜漫天雪,冻死苍蝇未足奇。(《冬云》③)

---

① 梁川主编:《毛泽东诗词鉴赏》,中国文联出版社 2009 年版,第 161 页。
② 同上书,第 222 页。
③ 同上书,第 342 页。

《长征》集中地表达了中国工农红军气吞山河的豪情壮志和战无不胜的英雄气概，是革命英雄主义和革命浪漫主义相结合的典范史诗；《和柳亚子先生》是友情和革命原则性相结合的政治抒情诗；《冬云》更是吹响世界反帝反修的革命号角与政治宣言。今天读起来，朗朗上口，铿锵有力，押韵和谐，而用"平水韵"衡量，却有邻韵相押之嫌。《长征》诗的韵脚"难""丸""寒"在上平声十四"寒"部，而"闲""颜"却在十五"删"部；《和柳亚子先生》的韵脚"忘""黄""章""量"在下平声七"阳"部，而"江"在上平声三"江"部；《冬云》的韵脚"飞""稀"在上平声五"微"部，而"吹""罴""奇"却在上平声四"支"部。这明显违背了律诗用韵的要求。

　　怎么看待这种现象？有人说这是领袖"填平了近体诗邻近韵部不许通押的鸿沟"①，更有人说："这种采取古典诗词形式、格律，而又不死守古典诗词形式，格律，在有必要的时候就突破旧框框的做法，也是毛主席对古典诗词又继承又革新的一个方面。"② 这些褒扬的话是20世纪五六十年代常用的，最低调也是领袖的诗，为我们做出了不因韵律而害意的典型范例。那么，平民百姓作诗，如有这类现象，被一些方家视为"不合韵律"，却没有人对此不平。把自己与领袖相提并论，岂不狂妄至极吗？问题的症结不在作者是领袖与平民，伟人与凡人，而在语音有了变迁，旧诗韵与现代口语不合。因为律诗用韵要求对伟人与凡人，领袖与平民，只要是作律诗的人，都一视同仁。律诗用韵要求和律诗对字句有定、平仄分明、对仗工整的要求一样是不应也不能

---

① 高元白：《新诗韵十道辙儿》"后记"，陕西人民出版社1984年版，第93页。
② 周世钊：《伟大的革命号角，光辉的艺术典范——读毛主席诗词十首的体会》，《湖南文学》1964年7月号。

突破的，这是艺术形式美的追求，突破了就不成为律诗。但是语音古今有变迁，地方有差异，用一成不变的旧诗韵（"平水韵"）去硬套今人吟诗填词，还要求口语和谐是难于行通的。明代古音学家陈第在《毛诗古音考》序言里说："时有古今，地有南北，字有更革，音有转移，亦势所必至。"它道出了语音变迁的真谛。用现代普通话声韵衡量杜甫《登高》诗，说它也有邻韵相押，是犯了以今律古的错误。毛泽东同志这三首七律诗，若用今音衡量，具体说，用《九道辙》新诗韵衡量，《长征》押"战"辙寒韵 an、ian、uan，《和柳亚子先生》押"唱"辙唐韵 ang、iang、uang，《冬云》押"诗"辙微韵 ei、ui 和齐韵 i，完全合辙。它们根本不存在邻韵相押的问题。若硬要用过时了的"平水韵"给今人毛泽东的七律诗"穿小鞋"，作者不舒服，我们也不满意。可见，诗韵必须适应发展变化，与时俱进，来一番改革。

押韵是求耳听和谐的效果。今人写律诗不从耳听和谐与否去探求，却从旧的、过时了的"平水韵"去查看，以求视觉上的合韵，这就违背了押韵的本来要求。用现代普通话语音衡量杜甫《登高》诗，说它不合七律押韵要求，这是刻舟求剑，用"平水韵"衡量毛泽东同志这三首七律，说它邻韵相押不合七律要求，这是削足适履，刻舟求剑剑不可得，削足适履人皆不为。

领袖与群众，伟人和凡人在作诗用韵要求上，没有双重标准，而旧诗韵必须改革已成多数人的共识。与时俱进应该是诗韵改革的灵魂。

（原载《看今朝》2006 年第 1 期）

解析毛泽东三首五律，
从对押韵平仄处置中悟改革与创新

[原诗]　　　　　　张冠道中　1947年

　　　　　朝雾弥琼宇，　征马嘶北风。
甲　⊕ ｜ － － ｜ ，乙 － ⊖ ｜ ｜ － 。
　　　　　　　　　　　　　　　　×

　　　　　露湿尘难染，　霜笼鸦不惊。
丙　⊕ － － ⊙ ｜ ，丁 ⊕ ⊙ ｜ ⊖ － 。
　　　　　　　　　　　　　　×　　√

　　　　　戎衣犹铁甲，　须眉等银冰。
甲　⊕ ⊙ － ⊖ ｜ ，乙 － － ｜ ⊙ － 。
　　　　×　√

　　　　　踟蹰张冠道，　恍若塞上行。
丙　－ － － ｜ ｜ ，丁 ｜ ｜ ｜ ⊖ － 。
　　　　　　　　　　　　　　　　×

　　　　　　喜闻捷报　1947年

　　　　　秋风度河上，　大野入苍穹。
丙　－ － ⊖ ⊙ ｜ ，丁 ｜ ｜ ｜ － － 。

佳令随人至， 明月傍云生。
甲 ⊕ ｜ － － ｜，乙 － ⊖ ｜ ① －。
　　　　　　　　　　× √

故里鸿音绝， 妻儿信未通。
丙 ＋ ⊖ － ① ｜，丁 ① ① ｜ ① －。
　　× √　　　×　√

满宇频翘望， 凯歌奏边城。
甲 ｜ ｜ － － ｜，乙 ⊕ － ｜ ① －。
　　　　　　　　　　　　×

看山　1959年

三上北高峰， 杭州一望空。
丁 ① ｜ ｜ － －，乙 － － ｜ ｜ －。

飞凤亭边树， 桃花岭上风。
丙 － ⊖ － ① ｜，丁 ⊕ ① ｜ ⊖ －。
　× √　　　　×　√

热来寻扇子， 冷去对美人。
甲 ｜ ① － ⊖ ｜，乙 ⊕ ｜ ｜ ① －。

一片飘飘下， 欢迎有晚鹰。
丙 ⊕ ⊖ － ① ｜，丁 ⊕ ① ｜ ⊖ －。
　× √　　　　×　√

注："－"平；"｜"仄；"⊖"该平而仄；"①"该仄而平；
"①"、"⊖"；"①"、"⊖"；"⊕"可平可仄。
　×　　×　　√　　√　　"·"旧读入声字。
　　　　　　拗　　　救

一　战歌、赞歌、观景，千姿百态

　　从思想内容看，三首律诗各有千秋。《张冠道中》是毛泽东在延安邻近转战途中写的。1947年春，我军在敌我力量悬殊的情况下主动撤出延安，在运动中消灭敌人。这是一首战歌。首联写晨雾浓厚，战马在怒号的北风中长鸣；颔联写寒露打湿脚下的大地，尘土不能沾染衣物，霜笼树林而鸦雀不惊，透出作者和官兵心情受到激励而又镇定，面对艰苦的环境从容不迫。颈联从戎衣沾露、须眉结冰而表现我军无所畏惧的心态；尾联更表现出我军视敌军如草芥，从容转战的必胜信心。真是转战途中苦，恍若塞上行，一定能胜利，信心充满胸，读来令人振奋。

《喜闻捷报》是毛泽东1947年8、9月间徒步运河边，听到西北野战军先后取得沙家店战役的胜利，收复青化砭、蟠龙镇等喜讯后而写的一首赞歌。1947年，蒋介石投入胡宗南部25万人向延安发动突然袭击，陕北人民军仅两万人，兵力为敌军十分之一，只有主动撤出延安，转战陕北，采用"蘑菇"战术与敌周旋，才能变被动为主动。结果45天内，西北野战兵团在青化砭、羊马河、蟠龙镇三战三捷，歼敌两万多人，并在沙家店战役中全歼胡宗南整编第三十六师。诗的前三联反映：中秋佳节倍思亲，但蒋介石撕毁停战协定，向解放区发起全面进攻，致使人民受难，音讯不通。尾联出句"满宇频翘望"，作者期望和平盼望反击胜利的心情得到充分显现。对句"凯歌奏边城"，此时得胜，诗人喜悦兴奋之情更是溢于言表。

《看山》是中华人民共和国成立10周年毛泽东登山观景心情舒畅的写照。1959年毛泽东登上杭州北高峰，随口吟诵了观感风景之诗。首句白描，"三上"表示多次登山，第二、三、七句从视觉上写景，第五、六、八句从知觉上写感受，其中"扇子""美人"语意双关。首联述多次登山，杭州全景尽收眼底；颔联写飞凤亭和桃花岭，突出"树"和"凤"，让人联想。颈联写扇子岭和美人峰，用"热来""冷去""寻扇子""对美人"比照；

尾联用雄鹰飞翔、飘飘天空迎游客，拟人化逼真。山河壮美，令人陶醉神往。其情其景，读来欢快又耐人寻味。至于该诗写于庐山会议之前还是之后尚未考证清楚，硬要把它和反"右"倾机会主义联系在一起，或说主席头脑发热，只看大好形势，不找存在的问题，未能居安思危等，那只能是联想和揣测，从作品本身找不出任何内在联系，还是不妄下结论好。诚然毛泽东的诗词大都反映重大的政治历史斗争，从总体上看可称作"史诗"，但并不是每首诗都是如此。

二　邻韵相押的启示

从用韵看，律诗只押平声，偶句用韵，一韵到底，中间不许换韵，也不许邻韵相押。这是律诗用韵的规则，也是它区别于古诗，乐府和其他韵文的特点之一。而毛泽东的这三首五言律诗用旧诗韵[①]标准衡量都有邻韵相押之嫌：《张冠道中》的四个韵脚字押了三处韵部，"风"在上平声〔一东〕部，"惊"和"行"在下平声〔八庚〕部，"冰"在下平声〔十蒸〕部，《喜闻捷报》的"穹"和"通"在上平声〔一东〕部，"生"和"城"在下平声〔八庚〕部，两处邻韵相押；《看山》的韵脚字"空"和"风"在上平声〔一东〕部，"人"在上平声〔十一真〕部，"鹰"在下平声〔十蒸〕部；首句入韵的"峰"在上平声〔二冬〕部，四处韵相押。按规则律诗首句可以入韵，首句入韵的允许邻韵相押。这样，"峰"为〔二冬〕部邻韵，无可非议，而其他四个韵脚字三处邻韵相押，显然违背了律诗对用韵的要求。

有人说，对领袖的诗词学习要正面领会博大精深的思想胸怀

---

① 《佩文诗韵》即"平水韵"。

和积极进取的革命精神，不能在押韵平仄问题上吹毛求疵，钻牛角尖。笔者赞成前段话，对后段话不敢苟同。对押韵平仄的探讨，不能叫吹毛求疵。撇开思想内容只求押韵平仄是片面的，所以本文先从思想内容解析，但既标五律就得用诗律去衡量它，不合标准就不叫律诗，诗律对领袖和群众、名人和凡人的要求是一样的，不能有双重标准。

还有一种"突破"说。20世纪60年代，湖南省副省长诗人周世钊说："这种采取古典诗词形式、格律，在有必要的时候就突破旧框框的做法，也是毛主席对古典诗词又继承又革新的一个方面。"[1] 80年代更有学者认为，这是领袖"填平了近体诗邻近韵部不许通押的鸿沟"[2]。两位先生在那样的年代有这种说法是可以理解的。今天看来，诗律有相对的稳定性，它是前人经过长时间实践检验而得出的规律。在新的格律未出现之前，对所有写律诗的人都要制约，任何人不得违反。至于诗中偶尔出现的不得已而违之，就要看意境了。意境高了叫突破，否则只能是违律。突破只能是偶然的个别的现象，多了就不算。而毛主席的《咏蛙》《长征》《和柳亚子先生》《冬云》等依"平水韵"都有邻韵相押之嫌，且"五四"至今，这种现象不止毛泽东一人。是诗律规定有问题还是当代人水平不高，造成每每违律，笔者以为都不是。

问题的症结在于康熙钦定的《佩文诗韵》落后于时代，不能与时俱进，亟须改革。人们写诗常以顺口入耳押韵为习惯，而时代有变迁、方言有差异、语音有变化，旧诗韵[3]的韵字常有和现

---

[1] 《伟大的革命号角　光辉的艺术典范——读毛主席诗词十首的体会》，《湖南文学》1964年6月。
[2] 高元白：《新诗韵十道辙儿》"后记"，陕西人民出版社1984年版。
[3] "平水韵"即《佩文诗韵》。

代口语及方音不一致的现象，且它分韵106部，太细太烦，有的与现代口语音对不上号，有的口语能够押韵的却硬要分成几部。买鞋人们都用脚去试，可是押韵却往往犯削足适履的错误，且常常积非成是。这就是说尺码没有错，鞋子有大小，穿着要合脚，就得换着试。韵书就好比鞋子，改革诗韵就是要让韵书合乎现代人们押韵穿鞋的需要。

黎锦熙、白涤州首创的《中华新韵》十八韵部发展到《诗韵新编》，对《张冠道中》的韵脚字"风""惊""冰""行"可以用十七"庚"去解释，因为eng、ing都是庚韵。而对《喜闻捷报》就不适应。因为"生""成"虽然也在十七"庚"部，为eng韵，而"穹""通"却在十八"东"部为iong、ong韵，仍有邻韵相押之嫌，尤其是《看山》的韵脚字"风""鹰"在十七"庚"部为eng、ing韵，"空"在十八"东"部为ong韵，"人"在十五"痕"部为en韵，三个邻韵相押。说明这双鞋穿着不合脚。

近年中华诗词编辑部编的《中华新韵》（十四韵）把《诗韵新编》的十七"庚"和十八"东"合为十一"庚"（与张洵如调查整理北方人们口耳相传的《十三辙》"中东"辙相合），从而解决了《喜闻捷报》邻韵相押的问题。但对《看山》就不适合。因为"人"在《中华新韵》（十四韵）的九"文"部，它和十一"庚"仍然是邻韵，鞋穿着仍不合脚。

笔者编著的《九道辙》沿用了高元白先生《新诗韵十道辙儿》的"风"辙一说，把庚、东、痕三韵通押统为一辙，就解决了问题，合乎律诗一韵到底，没有邻韵相押的现象。

"痕""庚"通押，"痕""庚""东"通押，不仅在这三首律诗中有，毛泽东的《咏蛙》诗，《西江月》《井冈山》词也有，叶剑英、霍松林、林从龙、刘启哲等人的诗词中也有。据调查统计,《当代诗词点评》里存在这种现象的有 17 首,《当代西秦百家诗词选》和刘启哲、刘文轩、郝怀斌等人的诗集中,存在这种现象的总共有 60 多首。兹不再列举。

看来,"违律"说不能成立,"韵律"没有鸿沟可填,"突破"说也不适宜,回避它不是办法。只有改革诗韵,与时俱进才合乎潮流,诗韵改革力度要大,"风"辙的成立势在必行,这就是笔者从毛泽东对三首律诗用韵问题的处置中所受到的启示。

三 平仄拗救也有创新

从平仄看,《张冠道中》是首句不入韵的仄起仄收的甲式句,格式为"甲、乙、丙、丁;甲、乙、丙、丁",即"∣∣－－∣,－－∣∣－。－－∣∣－,∣∣∣－－。∣∣－－∣,－－∣∣－。－－∣∣－,∣∣∣－－"("∣"仄,"－"平)。《喜闻捷报》是首句不入韵的平起仄收的丙式句,格式为"丙丁甲乙,丙丁甲乙",即"－－－∣∣,∣∣∣－－。∣∣－－∣,－－∣∣－。－－－∣∣,∣∣∣－－。∣∣－－∣,－－∣∣－"。《看山》是首句入韵仄起平收的丁式句,格式为"丁乙丙丁,甲乙丙丁",即"∣∣∣－－,－－∣∣－。－－－∣∣,∣∣∣－－。∣∣－－∣,－－∣∣－。－－－∣∣,∣∣∣－－"。检查三首律诗的用字并不是每个都合乎平仄要求,这里就有拗救的规则存在。

前人总结的拗救规则有三类:一是本句自救;二是对句相救;三是一字两救。本句自救中有乙种句是"一拗三救救孤平",即变原有的"－－∣∣－"为"∣×－√∣－"("×"拗;"√"救),丙种句是"三拗四救救孤平"(严格来说为"三拗一必平,可四救可不救"),即变原有的"－－－∣∣"为

"－ －×̇ －∨̇ ｜"。本句自救不在甲种句出现。对句相救只出现在甲乙组合的句式中，即"｜｜－ －｜，－ －｜｜－"。有三种拗救规则，即"出三拗，对三救，可救可不救"（"出"指"出句"，"对"指"对句"；"一""三""四"指第一字、第三字、第四字），也即"｜｜×̇－｜，－ －△̇｜－"（'△'为可救可不救）。"出四拗对三救，一定得去救"，即"｜｜－×̇｜，－ －∨̇｜－"。"出三拗，出四拗，对三救，一定得去救"，即"｜｜×̇×̇｜，－ －∨̇｜－"。一字两救（也叫"一箭双雕""一石两鸟"）分小拗孤平救和大拗孤平救。小拗孤平救是孤平拗救与相同位置的联中拗救同时出现，其规则是对句孤平拗救又救了出句第三字的拗，口诀为"一拗三救救孤平加出三拗对三救"，即"｜｜×̇－｜，×̇－∨̇｜－"。大孤平拗救是孤平拗救与不同位置的联中拗救同时出现，是对句孤平拗救又救了出句第四字的拗，口诀为"一拗三救救孤平加出四拗对三救一定得去救"，即"｜｜－×̇｜，×̇－∨̇｜－"。一字两救也只出现在甲乙组合的句式中，丙丁组合的句式中，既无对句相救，又无一字两救的情况。第一字和第三字，由于不在节奏点上，除了本句自救和对句相救的乙种句外，都是可平可仄的，叫"一三不论"。第二、四字由于在节奏点，必须符合平仄要求，叫"二、四分明"。

对照检查这三首律诗的用字平仄，会发现除了《喜闻捷报》一处首联出句第三字"度"该平而仄拗了，第四字"河"该仄而平救，符合丙种句自救的规则（"三拗一必平，可四救，可不救"，这里救了）之外，其他没有一处合乎拗救规则。但仔细调查研究，却有创新规则可寻。这就是：本句自救为"二拗四救"，且在甲、乙、丙、丁四种平仄句式中都出现。对句相救和一字两救还可出现在丙丁组合的句式中，且为"二拗四救加出四拗对四救"和"二拗四救加出二拗对二救"。可看三首律诗字下平仄拗救的符号，具体分析归纳有下列三种情况：

一是平仄不合而可平可仄的字（⊖该平而仄，①该仄而平）由于不在节奏点可以不论的，如三首律诗中的"朝""霜""戎""佳""妻""三""桃""欢"八个字该仄而平，"露""故""凯""冷"四个字该平而仄，由于它们分别在每首诗各句的句首，处在奇数位，不是节奏点，可以不论，按可平可仄的"⊕"对待。至于"一"字在《看山》首联对句（乙种句）第三字，按旧入声字对待，与平仄相合，在《看山》尾联出句（丙种句）第一字按旧入声字对待，却是该平而仄，由于不在节奏点，也可不论。这样算起来，13个字可平可仄，占120个平仄字的百分之十多。

二是拗而未救的有"马""上""边"3个字。"马"在《张冠道中》首联对句（乙种句）第三字，"上"在《张冠道中》尾联对句（丁种句）第四字，都是该平而仄，"边"在《喜闻捷报》尾联第四字该仄而平。三首五律120字，出现3个拗而未救的字占百分之零点二五，应是个别现象。为平仄而换字，"马"换成"驴"，"上"换成"中"，"边"换成"古"，平仄顺了，意思却相差甚远。"边城"指延安，是相对古城西安而言，换成"古城"，地方就变了。"塞上"是常用的词，指边界上险要的地方，有"边塞""要塞""塞外"之说，没有"塞中"一词。因为"中"和"塞"是对立关系。说"征驴"更不像话，古今中外，没有骑着驴战斗的。当平仄和意旨矛盾无法解决时，拗了就拗了，不救也行，毕竟是个别不是一般。

三是拗救开出了新路子。首先是本句自救有六处为"二拗四救"，且在四种平仄句型都出现过。甲种句"｜｜－－｜"，如《看山》颈联出句"热来寻扇子"第二字"来"该仄而平拗，第四字用"扇"该平而仄去救，平仄为"｜⊕̥－⊖̌｜"。乙种句"－－｜｜－"，如《喜闻捷报》颔联对句"明月傍云生"第二字"月"该平而仄，拗了，第四字"云"该仄而平去救，成为"－⊖̥｜⊕̌－"。丙种句"－－－｜｜"有两处"二拗四救"现象，如《喜闻捷报》颈联出句"故里鸿音绝"第二字"里"该平而仄，拗了，第四字"音"该仄而平去救，《看山》尾联出句"一片飘飘下"第二字"片"该平而仄拗，第四字"飘"该仄而平去救，成为"⊕̌⊖̥－⊖̌｜"。丁种句"｜｜｜－－"也有两处"二拗四救"的现象，如《张冠道中》颔联对句，"霜笼鸦不惊"第二字"笼"该仄而平，拗了，第四字"不"该平而仄去救，《看山》尾联对句"欢迎有晚鹰"第二字"迎"该仄而平拗了，第四字"晚"该平而仄去救，成为"⊕̌⊖̥｜⊖̌－"。三首律诗，六处"二拗四救"，且涵盖四种平仄句型，不能不说是开了本句自救的新路子。

　　至于对句相救和本句相救相结合及其一字两救现象，也有新的路子，这就是本句自救的"二拗四救"和"出二拗对二救""出四拗对四救"的组合，"一字两救"不仅出现在对句，还存在于出句。对句相救不仅出现在甲乙组合的句式中，还出现在丙丁组合的句式中，如甲乙组合的句式"｜｜－－｜，－－｜｜－"，《看山》和《张冠道中》都有。《张冠道中》颈联"戎衣犹铁甲，须眉等银冰"，出句（甲种）第二字"衣"该仄而平，第四字"铁"，该平而仄，对句（乙种）第四字"银"该仄而平。怎么看？是对句"银"救了出句"铁"为"出四拗，对四救"的对句相救，也可看作本句（甲种）"二拗四救"与对句相救的组合，不过是两字救一，不是一字两救罢了，平仄拗救为"⊗｜⊖－｜，－－｜①－"。《看山》的颈联出句（甲种）第二字"来"该仄而平，拗了，不仅本句第四字"扇"该平而仄去救，而且对句（乙种）第二字"去"该平而仄也来救。"热来寻扇子，冷去对美人"，即"｜⊗｜⊖｜，⊕⊖｜｜－"。出现了出句本句"二拗四救"加联间"出二拗，对二救"相结合的现象。这种现象是两字救一，本句自救与对句相救的组合。与前者不同的只是"出二拗，对二救"罢了。

丙丁组合的句式"－－－｜｜，｜｜｜－－"，"小拗孤平救"更有三处：《喜闻捷报》一处是颈联（"故里鸿音绝，妻儿信未通"），出句（丙种）第二字"里"该平而仄，第四字"音"该仄而平，对句（丁种）出句第二字"儿"该仄而平，第四字"未"该平而仄。这可看作出句对句都有"二拗四救"本句自救，又有联间"出二拗，对二救""出四拗对四救"的对句相救，即"⊕⊖｜⊕｜，⊕⊖｜⊖－"。《看山》的颔联"飞凤亭边树，桃花岭上凤"和尾联"一片飘飘下，欢迎有晚鹰"两处都有这种本句自救"二拗四救"和对句"出二拗对二救""出四拗对四救"相救组合的情况，即"－⊖⊕⊕｜，⊕⊖｜⊖－"与"⊕⊖｜⊖｜，⊕⊖｜⊖－"。本句自救是"凤"拗"边"救，"花"拗"凤"救，"片"拗"飘"救，"迎"拗"晚"救；对句相救有"凤"拗"花"救，"花"拗"上"救，"片"拗"迎"救，"飘"拗"晚"救。此处不再赘述。

拗救是一种变通的格律，它是在作诗实践中对已有平仄格律的突破。有时由于表达的需要出现拗而无救的情况，也是允许的。不仅毛泽东的律诗有此现象，连唐代工于格律的诗圣杜甫也不例外，如杜甫七律《题郑县亭子》中的"郑县亭子涧之滨，户牖凭交发兴新"（－－｜｜－－｜，｜｜－－｜｜－），出句的"县"字在节奏点，本当用平声字，而诗人却不回避，拗而未救。《即事》颔联"一双白鱼不受钓，二寸黄甘犹自青"，出句第六字"受"该平而仄拗了，对句第五字"犹"该仄而平去救，但出句第四字"鱼"该仄而平拗了，却没有去救。

不过拗而未救的情况毕竟少见。诗以抒情达意为主，当格律实在难以恪守时，偶尔有所不遵，不仅领袖和古代大诗人允许，群众、平常人也应一样看待。不过初学写诗的人，重在思想意境，同时不要放松对自己押韵平仄的要求，为稳妥起见，可以不标"律""绝"字样，但若为八句四句还是尽力按律绝规范诗句为好。解读毛泽东同志的律诗应该内容和形式统一都讲，至于结合分析的水平高低不同，笔者试作初步探索，还望方家指正。

（原载《看今朝》2007 年第 2 期）

正确理解入派三声，逐个认识现代读平声的旧入声字对北方人学律诗很有实用价值

《宝鸡诗词》2008年第1期"绛帐课艺"栏木文辑编的《诗联的四声韵律对仗》一文，为大家提供了认识诗词格律的常识，应予肯定，不过尚有纰漏须待补正。该文提出"普通话中入声字分别变为去声阳平和上声"，这个判断没有错误却涵盖不全。事实上，旧读入声字在普通话中还有部分变为阴平的。

笔者编著《九道辙》调查常用入声字1318个，它们在中古"平水韵"中都是仄声，而在普通话中变为上声和去声的有719个，占入声字的一大半，这一大半决定了入声字的变迁对律绝平仄的判定不会有根本性的影响。

因为中古的四声是指平、上、去、入四个声调。平声之外，上、去、入都是仄声，平仄交替构成了律绝音调铿锵和谐的旋律之美。古今语音是有变化的。所谓"入派三声"是指中古的入声字到了元代后基本消失，分别派到平、上、去三个声调了。而平声这个时期又分出阴平、阳平两个声调。理解"入派三声"不要忘记"平分阴阳"这个结论就不会出偏差。现代普通话的四声是指阴平、

阳平、上声、去声。阴平、阳平都是平声，上声、去声才是仄声。表面看来，普通话没有入声，平仄交替少了入声似乎难于平衡和谐，其实不然。一大半的入声字派进上声和去声仍为仄声，并不影响平仄的交替和协调，这就是用普通话现代音韵写律诗可通的原因，也说明《九道辙》新诗韵没有入声照样讲平仄是有根据的。

再仔细调查，派入平声的入声字有597个，其中阳平440个，阴平157个，尽管派入阴平的为数较少，但几占三分之一的比例也不可忽视。

笔者调查入声字是依据《诗韵新编》及其附录《佩文诗韵》的入声字。《诗韵新编》几十年间经中华书局和上海古籍出版社几次修订和多次印刷，仅1981年第3次印刷印数达22.4万多册，说明它在社会上影响面大。

当今时代，新旧诗韵并行。从旧诗韵的平仄角度看，律诗要求平仄交替出现，旧诗韵的仄声里有入声，北方方言区的人一般没有入声。因此，掌握派入平声的古入声字有利于辨识律诗用字中的平仄关系。而从押韵来看，律诗只押平声韵且一韵到底。掌握旧入声字派入现代普通话的阴平和阳平就扩大了律诗押平声韵字的范围，对今天用普通话写律诗提供了便利。可见，逐个认识并掌握派入平声（阴平阳平）的入声字对用新旧诗韵写律诗都有实用价值。为此这里将普通话阴平阳平中的旧读入声字排列于下：

派入阴平的入声字共157个，它们分别在4个辙8个韵目内。

"发"辙麻韵，共34个：

a：八、捌；擦；插、锸；答、搭、褡、耷、瘩；发；撒；杀、煞、铩；塌、榻；匝、呀、扎、拶。计21个。

ia：夹、浃；瞎；鸭、压、押。

ua：刮、聒、适、鸹、栝；刷；挖。

"斗"辙模韵,共13个:

u:出;督;忽、惚、嗯、欻;哭、窟;扑、仆、噗;秃;屋。

"乐"辙,共59个:

波韵 o:拨、钵、般、剥、鲅;泼、朴。计7个。

波韵 uo:撮;戳;郭、蝈、啯;摸;缩;说;脱、托、饦;桌、涿、捉;作。计15个。波韵共22个。

歌韵 e:鸽、割、搁、胳、疙、纥、咯;喝;磕、颏、搕;着、蜇。计13个。

皆韵 ie:鳖、憋;跌;噎;揭、接;捏;撇、瞥;切;贴、帖;歇、蝎、楔。计15个。

皆韵 üe:削、薛、约、曰、哕;撅、挅、缺、阙。计9个。皆韵字共24个。

"诗"辙,共51个:

识韵 i [-ʅ] 吃;失、湿、虱;只、汁、织。计7个。

齐韵 i:逼;滴、菂、积、迹、激、绩、唧、击、屐、唶、帻;劈、霹;七、柒、漆、戚、喊、缉;踢、剔;息、夕、吸、悉、膝、析、浙、蜥、晰、窸、蟋、螅、晳;一、壹、揖。计38个。

鱼韵 ü:锔;曲、屈、蛐、诎;戌。计6个。

派入阳平的入声字440个,它们也分别在4个辙8个韵目内。

"发"辙,麻韵,共58个:

a:拔、跋、茇、魃;察;达、答、怛、瘩、继、靼、鞑;笪;乏、伐、罚、筏、阀、茷、垡、砝;轧;遢;杂、砸、闸、札、扎、炸、轧;铡、喋、嘶、雪。计34个。

ia:夹、浃、铗、戛、颊;峡、狭、荚、恝;黠、侠、狭、峡、匣、辖、狎、挟、硖、柙、洽、呷。计21个。

ua：滑、猾、划。计 3 个。

"斗"辙，模韵 u：共 79 个：

读、毒、笃、独、牍、犊、渎、椟、菊、黩、髑、碡、顿、纛；福、服、伏、拂、缚、幅、辐、袱、佛、绋、袚、纥、匐、蝠、馥、沸、怫、舯、鹏、茯、弗；鹄、鹘、斛、縠、囫、槲、觳；仆、瀑、璞、濮、蹼、幞；赎、淑、菽、孰、叔、塾、秫；俗；突、凸；竹、逐、烛、轴、躅、筑、劚、蠋、舳、妯、竺、术、瘃；足、族、卒、捽、镞。

"乐"辙，共 206 个：

波韵 o：勃、鹁、荸、渤、淬、白、泊、伯、卜、柏、舶、铂、箔、帛、博、膊、搏、馎、薄、饽、镈、佛、焚、踣、礴、百、襮、雹、驳、袯；佛；膜。计 32 个。

波韵 uo：夺、铎、咄、掇、裰、泽、剟；国、掴、帼、虢、漷、活、蠖；拙、酌、浊、斫、濯、着、灼、啄、卓、缴、镯、擢、梲、茁、诼、蠋、杓、踔、鹫、浞；作、笮、捽、昨。计 38 个。

"波"韵字，共 70 个：

歌韵 e：得、德；额；格、阁、革、葛、隔、蛤、骼、辖、鬲、膈、嗝；合、涸、盒、劾、核、翮、阖、龁、貉、阂、纥、曷、盍、鹖；咳、壳、搁；折、什；责、则、泽、贼、窄、择、赜、帻、舴、鲗、咋、啧、箦；哲、折、摺、摘、宅、蛰、磔、辄、辙、翟、蜇。计 58 个。

皆韵 ie：别、鳖；蝶、叠、迭、牒、碟、喋、蹀、眨、垤、哌、跕；结、洁、杰、桔、楬、颉、栉、篯、节、捷、睫、碣、诘、孑、疖、撷、桀、絜、缬、讦；茶；协、胁、挟、颉、撷、勰；拽。计 43 个。

皆韵 üe：角、脚、觉、决、绝、爵、诀、谲、厥、蕨、蹶、崛、抉、嚼、掘、橛、噱、屟、镢、觖、攫、桷、刖、爝、倔、矍、獗、鴂、潏、玦、孒；学、穴、噱、鸢。计35个。

皆韵字共78个。

"诗"辙，共97个：

识韵 i [-ʅ] 石、食、实、识、蚀、拾、十、什、直、值、植、殖、执、职、侄、跖、掷、蛰、絷、埴、摭、踯。计22个。

齐韵 i：鼻、荸；敌、笛、浟、的、荻、籴、狄、廸、适、觌、翟、镝、嫡、蹢、靮、极、寂、级、疾、集、吉、即、及、急、籍、瘠、楫、辑、脊、唧、笈、岌、汲、棘、亟、革、籍、嫉、芨、墼、喾、踖、吃、蒺、鹡、踳、戢、殛；席、习、昔、惜、袭、媳、熄、檄、隰、裼、腊、觋。计63个。

鱼韵 ü：局、橘、菊、跼、镉、掬、鞠、跼、鞫、鹇；曲、蛐。计12个。

（原载《看今朝》2009年第1期）

诗韵改革　力度要大

——初评《中华新韵（十四韵）》

　　《中华诗词》2005年刊出了《中华新韵（十四韵）》（下简称"十四韵"），这是诗学界改革旧诗韵的一件大喜事，标志着群众性的诗韵改革进入了新的阶段。笔者作为诗韵改革的拥护者，除了由衷地拥护，愿说几点浅见。

一　"十四韵"比"十三辙"简明却欠宽容

　　旧诗韵（平水韵）不合北方口语，分韵太烦太细，用起来不便，人们早有改革之念和实践。明清以来北方曲艺工作者在创作过程中，为求曲艺和戏剧唱词读起来上口，选择了押韵从宽的路子，终于在元曲形成的《中原音韵》（周德清撰，已合北方口语）基础上突破了十九韵部的拘牵，通用、并韵现象越来越多，逐渐地形成十三道辙。依据"十三辙"编写新韵书在社会影响最大的是王力先生的长子秦似先生的《现代诗韵》[①]，它把韵字归为十三

[①] 秦似：《现代诗韵》，广西人民出版社1975年版。

部，十七韵。"十三辙"的辙名为：一中东（中冬），二江阳，三衣欺（一七），四灰堆，五由求（油求），六梭波（梭泼），七人辰（壬辰），八言前（檐前），九发花（麻沙），十乜斜（迭雪），十一怀来，十二姑苏，十三遥条（遥迢）。

试把"十四韵"和"十三辙"作一比较，会发现大多数是更换两个字名称为一字名称，如麻（发花），波（梭波），皆（乜斜），开（怀来），微（灰堆），姑（姑苏），豪（遥条），尤（由求），寒（言前），文（人辰），唐（江阳），庚（中东）。这十二韵一个字名称当然比两个字的辙名称呼简便。

为什么说"十四韵"欠宽容呢？因为"十三辙"的"衣欺"辙在"十四韵"里分为"十二齐 i, er, ü"和"十三支（-i）（零韵母）"两个韵部。否定了"齐"韵和"支"韵的通押，也否定了实际是"儿"韵、"鱼"韵（"十四韵"并为齐韵）和"支"韵通押。事实上"支""儿""鱼""齐"通押是客观存在。

"齐""支"是通押的，五律如刘宋川《哭王力师》之一："泪洒江南雨，大椿终寿期 i。天何伤大雅，心自恋明时 i [-ʅ]。沥血文千卷，传灯世几师 i [-ʅ]。夜台添北斗，泮水恸宣尼 i。"七律如周祖谟《寄老友严学宭兄》："宣南宴饮话襟期 i，四十余年恨别离 i。江介风多春意老，寒垣霜重月轮低 i。华年盛事惊虚梦，衰齿頯颜念旧知 i [-ʅ]。海内乾坤如许大，感君高义动心脾 i。"七绝如熊汉川《黄山云》："闻道黄山云是衣 i，四时常有九龙驰 i [-ʅ]。仙人飘海千般态，夕照回光景万奇 i。"词如吴丈蜀《蝶恋花·赠贺捷、曾彩麟伉丽》："曾记狂飚云外起 i，毁屋伤苗几许悲凉事 i [-ʅ]。盼到春风和日丽 i，莫嗟屯蹇年华逝 i [-ʅ]。白首姻缘天促使 i [-ʅ]，同命相怜一见成知己 i。石树梅花为报喜 i，行看重建新天地 i。"新诗如李季《玉门儿女出征记》："这面旗帜谁不爱？谁不想把红旗拿在手里 i？热浪席卷钻井队，就好比战鼓催万马奔驰 i〔-ʅ〕。"新诗又如登第《赞开盲自读毛主席著作》（节引第 56 号《烽火战报》）："只恨万恶旧社会，害得穷人不识字 i〔-ʅ〕。'开盲自读'真及时，解决愚昧大问题 i。"

"齐""鱼""支"通押的如刘启哲《读陈辉汉咏菊诗》①："渊明出门采东篱 i，陈老邀菊伴幽居 ü。衣近金蕊屋满香，门映珠彩室藏奇 i。志在凌霜气相投，情寄傲寒心共依 i。无颜识得此翁面，咏叹有声似已知 i〔-ʅ〕。"又如戴望峰词《满江红·忆昔兼怀鹏海》②下阕："今老大，繁忙集 i；伤离索，愁如织 i〔-ʅ〕。况频催腊鼓，涛声急 i。伫盼白帆天外至，一家离阔从头叙 ü。拨残灰，炉火又通红，迎除夕 i。"还如郭小川遗诗《痛悼敬爱的周总理》③（共 461 行，节录最后 15 行）："哦，这是一个——极为火炽的惊心动魄的日子 i〔-ʅ〕！红旗渠的水浪把哀歌和战歌唱成一体 i；来自北京的壮歌相聚合，在豪迈的群峰中，回声四起 i。由此可以想见——整个中国的海洋和陆上水域 ü，长江黄河，大湖小川，必然同时高唱凯歌一曲 ü。"

"齐""几""支"通押的如贾修龄《乐府诗·卖子》④："卖儿声，入吾耳 er。循声问之泪不止 i〔-ʅ〕。一家五口常流离，三年不得归乡里 i。妇抱儿哭儿依母，心头肉割谁堪此 i〔-ʅ〕。与以半圆嘱勿卖，长跪且叹头至地 i。半圆能救几日死 i〔-ʅ〕"。

---

① 刘启哲：《晚吟集》，第 128—129 页。
② 《琴园诗汇》，第 209 页。
③ 引自《周总理，我们怀念您》，第 63—64 页
④ 《琴园诗汇》，第 209 页。

例不赘举,"十四韵"只把"齐""儿""鱼"并为"齐"韵,无视"支"韵和它们通押的存在,的确违反群众用韵求宽松简约的实际。

二 "十四韵"是《诗韵新编》和《中华新韵(十八韵)》的进化,而"十八韵"的作者早已进入十一道辙的探新

"十四韵"出台前,社会广为流传的是《诗韵新编》。仅就1981年4月上海古籍出版社第三次印刷,印数已达22.2万册。该韵书"凡例"第一条就申明"以普通话字音为标准,参照《中华新韵》《汉语诗韵》等现代韵书,分为十八部。分部韵目及韵部次序也依照《中华新韵》的排列"。这"十八韵"是:一麻a, ia, ua;二波o, uo;三歌e;四皆ê, ie, üe;五支i〔-ɿ〕〔-ʅ〕;六儿er;七齐i;八微ei, uei;九开ai, uai;十鱼ü;十一模u;十二侯ou, iou;十三豪ao, iao;十四寒an, ian, uan, üan;十五痕en, in, uen, ün;十六唐ang, iang, uang;十七庚eng, ing, ueng;十八东ong, iong。

试将"十四韵"和"十八韵"比较,一麻(一麻),二波(二波,三歌),三皆(四皆),四开(九开),五微(八微),六豪(十三豪),七尤(十二侯),八寒(十四寒),九文(十五痕),十唐(十六唐),十一庚(十七庚,十八东),十二齐(七齐,六儿,十一鱼),十三支(五支),十四姑(十一模)。由此可知,两者除了次第有不同之外,韵目完全相同的有八个,即"麻""皆""开""微""豪""寒""唐""支"。一字名称更换的有三个,即"尤"(侯)、"文"(痕)、"姑"(模);两韵并成一韵的两个,即"波"(波、歌)、"庚"(庚、东),三韵并成一韵的一个,即"齐"(齐、儿、鱼)。

二合一与三合一，正反映了群众作诗用韵求宽松的愿望，也符合诗韵发展趋简约的内部规律。笔者在《诗韵的延伸与变革》《诗韵的发展与改革》《论诗韵及其改革》三篇文章中都有较详细的论述。概括起来两句话：用韵宽简是规律，并韵合辙是方向。所以笔者认为，"十四韵"是"十八韵"的进化。

"十八韵"的作者是谁？就是首创《中华新韵》的黎锦熙、白涤州两位语言学家。中华人民共和国成立前，黎、白两位先生按1932年公布的《国音常用字汇》编著了《国音分韵常用字表》确立十八韵部，用"狮""蝶""龙"等虫名作韵目，由佩文斋出版，故名《佩文新韵》。1941年，黎、白二位又修订《佩文新韵》，将虫名改为旧韵书习用之字，把书名也改为《中华新韵》，当时的国民政府将它作为"官韵"在重庆颁布。中华人民共和国成立后，1950年黎先生又编著《增注中华新韵》，由商务印书馆出版。1965年黎先生写了《诗歌新韵辙调研四种》一书，可惜未等到出版而先生病逝。《中国语文》1966年第二期刊载了部分内容。1965年中华书局上海编辑所编的《诗韵新编》，1978年上海古籍出版社出版的文伯先生题名的《诗韵新编》都沿用了《中华新韵（十八韵）》而未提黎锦熙先生之名。

值得注意的是黎锦熙先生并没有就此止步，早在1965年就放宽了《中华新韵》（十八韵）的通押范围。他说："今天既有《汉语拼音方案·韵母表》所反映的'北京音系'作分韵的标准，通过语音科学的分析归纳定为十八部——单韵母 a（麻）o（波）e（歌），补上 ê（皆）ï（支）er（儿），还有 i（齐）u（模）ü（鱼）；复韵母 ai（开），ei（微），ao（豪），ou（侯）；鼻韵母 an（寒），ang（唐），en（痕），eng（庚），ong（东）。其中音近通押的韵，即 o（波）通 e（歌），ï（支）、er（儿）、ü（鱼）、

ei（微）都通 i（齐），ü（鱼）又可通 u（模），ong（东）通 eng（庚）。于是十八韵减为十一道辙。"① 这就是说"十四韵"的"波"（波、歌）、"庚"（庚、东）两个二合一通押的韵部，黎先生早在 20 世纪 50 年代中期就已发现。而"十四韵"的"齐"（齐、儿、鱼）韵这个三合一的通押韵部，黎先生早已扩大为"支""儿""齐""微""鱼""模"六合一通押的韵部，韵部总数 50 多年前已减为十一道辙，今天的"十四韵"比起半个世纪前的黎氏十一道辙已远远落后了。

三 "十四韵"要与时俱进，还得汲取当代其他新韵的营养，以加强改革的力度

现在不是科举时代，政府不可能也不必要颁布统一的韵书，这就为撰写新韵书提供了百花齐放、百家争鸣的机遇和平台。这里举例略加述评。

近几年刘克能编《现代汉语韵典》，沿用"十八韵""十三辙"体系。作者在 2004 年修订版自序中以"确立新韵体系，推进诗韵改革"为题对《中华诗词》编的《中华新韵府简表》《中华今韵简表》作了评说。可知，"十四韵"前已有两个简表公布征求意见。不过刘克能在自序中说："现代汉语普通话十八韵十三辙是最完整最科学最具时代性的新韵体系。"笔者不敢苟同。因为"十四韵"在并韵上比"十八韵"领先了一步，在简明上也先于"十三辙"。去掉两个"最"，换成两个"较"，也还有不够之处，比较其他韵书自会分晓。

1992 年 7 月由天津人民出版社出版了韩品夫编著的《汉语用

---

① 《中国语文》1966 年第二期。

韵手册》，他把《汉语拼音方案》韵母表和声调细分为韵域、韵部、韵调、韵素。其中他解释说："所谓韵域指一个韵的领域，如 a，ia，ua 这三个韵部就构成了一个韵域；又如 an，ian，uan，üan 也是一个韵域。在汉语音韵中共有 12 个韵域。它们是：a 韵域，o 韵域，e 韵域，ai 韵域，ei 韵域，ao 韵域，ou 韵域，an 韵域，en 韵域，ang 韵域，eng 韵域，ong 韵域。"① 这十二韵域比"十四韵"在并韵合辙上要宽容一些。

其实黎锦熙先生 50 多年前就已提出十一道辙的主张，只是没有另立辙名罢了。试将"十四韵"和"十一道辙"比较，完全相同的有"麻""皆""开""豪""寒""唐"六个韵部，仅换了名称的有"尤"（侯）、"文"（痕）两个韵部。但"十一道辙"的一个辙（即十八韵的支、儿、鱼、模、微、齐一组韵）却涵盖了"十四韵"的"五微""十二齐"（"十八韵"的"齐""儿""鱼"三韵）、"十三支""十四姑"（模）四个韵部。可知黎氏的"十一道辙"要比"十四韵"宽容得多。

高元白先生继承黎说又有发展。他将"痕"韵与"庚""东"两韵并为一辙，又为十道辙另立辙名，1984 年由陕西人民出版社出版了《新诗韵十道辙儿》。口诀为："写诗歌，来战斗，风发高唱。"试比较"十道辙"与已出版的"十八韵"。专押的单一韵辙有六个，即"发"（麻）、"来"（开）、"写"（皆）、"高"（豪）、"战"（寒）、"唱"（唐）；并韵通押的合成韵辙有四个，即"斗"（模、侯）、"歌"（波、歌）、"风"（痕、庚、东）、"诗"（支、齐、微、儿、鱼）。对"皆"韵字与"歌"韵字通押另开"写歌"分韵辙，黎氏的"模"韵与"鱼"韵通押，高氏

---

① 韩品夫：《汉语用韵手册》，天津人民出版社 1992 年版，第 1—2 页。

叫《诗斗》分韵辙，对儿化韵，书中也有专论处理。若将"十道辙"与"十四韵"比较，一字名称不同的七个，即"发"（一麻）、"歌"（二波）、"写"（三皆）、"来"（四开）、"高"（六豪）、"战"（八寒）、"唱"（十唐）；二合一的两个，即"斗"（七尤、十四姑）、"风"（九文、十一庚）；三合一的一个，即"诗"（五微、十二齐、十三支）。可知高氏的《新诗韵十道辙儿》尽管比"十四韵"早二十多年，却比"十四韵"宽松简约得多。

　　十多年来，笔者在学习宣传高先生"十道辙"的过程中，又发现"波""歌""皆"三韵可以通押，遂并"写"辙与"歌"辙为"乐"辙，取消"写歌"分韵辙。1992年在山东威海汉语音韵学国际学术研讨会上，笔者在《论诗韵的起源发展和改革》一文中第一次提出了"九道辙"的主张。会上会下，有赞同支持的，也有反对贬抑的。此后陆续在福州、徐州、西安等地的国际学术研讨会上以不同文章为题，坚持宣传诗韵改革和"九道辙"的主张，经过多次答辩和研讨，在汉语音韵学界基本取得了共识，而诗学界尚未涉足。笔者的《诗韵探新》一书的第四章共九节，有八节专门论证"黎高新韵"（九道辙）的科学性与可行性。后来笔者撰写《论新诗韵九道辙的科学性与可行性》一文，着重论证"乐"辙建立的科学性与可行性，先后被《宝鸡文理学院学报》《中国当代思想宝库》《中国经典文库》选用，要点也被上海《社会科学文摘》摘发。2005年5月，51万字的改革新诗韵——《九道辙》，由中国文化出版社出版。《九道辙》有"发""来""高""战""唱"五个专押的单一韵辙和"斗""乐""风""诗"四个通押的合成韵辙。把《九道辙》和"十四韵"作比较，一对一的五个："发"（一麻）、"来"（四开）、"高"（六豪)、"战"(八寒)、"唱"(十唐);二合一的三个:"斗"(七尤、十四姑)、"乐"(二波、三皆)、"风"(九文、十一庚);三合一的一个"诗"(五微、十二齐、十三支)。很明显,《九道辙》比"十四韵"在汲取群众用韵求宽松简约上又向前跨了一大步。

至于"十四韵"设立"支"韵,无论从"宽""严"的尺度上衡量,都欠缺改革的力度,留待以后讨论。

(原载《宝鸡社会科学》2007年第3期)

诗韵改革的力度拿什么去衡量？

——二评《中华新韵(十四韵)》

上海古籍出版社1981年3月在《诗韵新编》"出版说明"末段中说："这次重印，我们增编了《通押后的十八韵与十三辙对照表》，并在表中指出某几个韵部可以通押，让使用者有所依据。经过这种通押，不啻从十八个韵部中减缩掉五个（引者按：'波''歌'互通，'支''儿''齐'互通，'模''鱼'互通，'庚''东'互通），这就跟十三辙相差不大了。而且原有的十八个韵部的名称不动，除了其中的'儿'韵必须通'支'通'齐'以外，其他通押各韵，既有'审音从严'的轨范可见，又有'押韵从宽'的道路可依，通押与否，完全由使用者自己掌握。"

从这段话看出两个信息：一是十八韵的通押实质上是将十八韵变为十三韵，只是"通押与否，完全由使用者自己掌握"。而"十四韵"在通押的基础上并成一韵，在并韵时将"支"韵独立，将"鱼"韵、"儿"韵并为"齐"韵，回避了"模""鱼"互通。这样做的合理性未见说明，姑且不论，但"十四韵"和通押后的"十八韵"（实为十三韵部）的关系就更清楚了，可以说，通押后的"十八韵"和"十四韵"是母子关系。二是"出版说明"提出了诗韵改革力度的标尺，就是"审音从严，押韵从宽"。其实追溯起来，最先提出"宽"的尺度者是鲁迅，"宽""严"两个尺度并提者为黎锦熙先生。

最先倡导诗韵改革的鲁迅先生，他在1934年给杜隐夫的信中说："我以为内容且不必说，新诗先要有节调，押大致相近的韵，给大家容易记，又顺口，唱得出来。"在1935年给蔡斐君的信中又说："诗须有形式，要易记，易懂，易唱，动听，但形式不要太严，要有韵，但不必依旧诗韵，只要顺口就好。"而鲁迅先生虽然倡导新诗韵，却未从事改革诗韵的活动，他写的诗也是旧体诗。

最先从事诗韵改革活动的是黎锦熙、白涤州两位语言学家。他们不仅编写出《中华新韵》，而且黎先生提出了编写新韵书"宽""严"统一的具体标准。1973年5月5日，黎先生看了高元白先生《汉语新诗韵十道辙儿说略》一文初稿后复函说："编写新'音典'和建立新'诗韵'是两个性质完全不同的事物，各自有其特殊矛盾，只是自古以来，直到今天的文改，由于音典只有用'韵母'为纲的（从隋之《切韵》到清之《五方元音》），体裁上就把两码事合成一码事。（或者说是通用一部书，因而叫作'韵书'。）当然，二者是有密切关系的，互相为用的，而且同属于语言大范畴；但从事研、调、编制、推广的人，工作上会发生'宽'、'严'一对矛盾：一、音典——语学上的科学析音要严；二、诗韵——文艺上的'和谐'选字要宽。"笔者的理解是：析韵专家制定音典从严，群众用韵选字求宽。二者矛盾对立统一，追求二者和谐是诗韵改革正确之路。

"音典"是专家分析语音的依据，它根据语音的科学分析来确定，其功用在于正音。如普通话有 39 个韵母，其中单韵母 10 个，为 a, o, e, ê, i, u, ü, er, i［-ɿ］, i［-ʅ］；复韵母 13 个，为 ai, ei, ao, ou, ia, ie, iao, iou, ua, uo, uai, uei, üe；鼻韵母 16 个，为 an, ian, uan, üan, en, in, uen, ün, ang, iang, uang, eng, ing, ueng, ong, iong。若按四呼去分，则开口呼（不含 i, u, ü）16 个为 a, o, e, er, ê, i［-ɿ］, i［-ʅ］, ai, ei, ao, ou; an, en, ang, eng, ong；齐齿呼（含 i）10 个为 i, ia, ie, iao, iou, ian, in, iang, ing, iong；合口呼（含 u）9 个，为 u, ua, uo, uai, uei, uan, uen, uang, ueng；撮口呼（含 ü）4 个为 ü, üe, üan, ün。这就是现代汉语普通话的完整的韵母系统。至于《汉语拼音方案》的韵母表只列录了 35 个，另外 4 个单韵母由于用法比较特殊，故在说明里注出。如舌尖前韵母 i［-ɿ］只用在舌尖前声母 z、c、s 后，舌尖后韵母 i［-ʅ］只用在舌尖后声母 zh、ch、sh、r 之后。《汉语拼音方案》没有为它专制字母，用 i 代替，实际分别是国际音标的［-ɿ］和［-ʅ］，韵母ㄦ（注音字母）不和其他声母相拼，故写成 er，发 e 音时舌尖翘一下，若作韵尾时，即儿化音时写成 r。韵母ㄝ（注音字母）单用时，只有一个词"欸"（欸），阴平表示招呼，阳平表示诧异，上声表示不以为然，去声表示应声或同意，只不过都是叹词，多数情况是和 i、ü 相结合成 ie、üe，所以单用时给 e 上加"^"成"ê"即可。这四个韵母都是单韵母，虽然用法特殊，不能不承认它们是单韵母，笔者用国际音标［-ɿ］［-ʅ］是将 i 和它们区分开。编写新韵书就应以 39 个韵母为准，这正是经过科学分析，专家析韵在音典上从严的体现，否则就有损立韵的完整性。

"诗韵"依据音典来制定，但还应有自己的特殊部署，"诗韵"是供作诗押韵时选词择字求语音和谐之用，可以说，它是文艺创作的一种工具。仅仅从音典角度制定韵书，虽然能保证押韵的语音和谐，却不能保证选词择字尽可能得到的自由。如《中华新韵》十八韵的"儿"部统摄的字是很少的，如果让它独立设为韵辙，对押韵选词择字的自由就限制很大。如果把"大致相近"的几个韵部组成一道韵辙，就壮大了字群，扩大了选择字词的自由范围。"十四韵"将"儿""鱼""齐"并为"十二齐"，笔者赞成的原因就在于此。但笔者认为还不够宽松，黎氏将"支""儿""齐""微""鱼""模"归为一辙，高氏将"支""儿""齐""微""鱼"通押称为"诗"辙，都比"十四韵"宽容得多，体现了定韵从宽的原则，符合群众用韵宽松简约的要求。当然，宽也不是宽大无边，必须保证语音相对和谐，正如拓宽道路不是修广场一样，修公路多宽有一定的尺度，为诗人押韵拓宽道路也有尺度，衡量的标准就是诗词作品用韵的实践。

"十四韵"的"齐"韵是 i、er、ü 通押，取得共识，不需例证，而"支""齐"通押，"鱼""支""齐"通押，"儿""齐""支"通押在前文与"十三辙"比较中也已举例证过。这里再举"齐""微"通押，"支""微"通押，"支""微""齐"通押，"支""儿""鱼""齐""微"数韵通押的例证。

"微""齐"两韵通押的，如毛泽东《七律·冬云》："雪压冬云白絮飞 ei，万花纷谢一时稀 i。高天滚滚寒流急，大地微微暖气吹 ui。独有英雄驱虎豹，更无豪杰怕熊罴 i。梅花欢喜漫天雪，冻死苍蝇未足奇 i。"又如王东玉《赠友》："年逾不惑未尝悲 ei，每欲奋翻九霄飞 ei。安闲势必销奇志，苦练终究出彩笔 i。逐日身勇歆夸父，填海心恒赞精卫 ei。踏遍青山人未老，岁寒回首望春梅 ei。"七绝如刘启哲《晚吟集》的《节前》："梅蕊枝头春回急 i，雁横长空雪旋飞 ei。每逢腊冬送神后，常忆老母盼子归 ui。"又如刘凤翔《溪声集》的《食桔有感》："又是浑秋食桔时 i［-ι］，略尝酸味便心悲 ei。老妻今已归泉九，却忆弥留此物思 i［-ι］。"

"支""微""齐"通押的如毛泽东《七律·答友人》："九嶷山上白云飞 ei，帝子乘风下翠微 ei。斑竹一枝千滴泪，红霞万朵百重衣 i。洞庭波涌连天雪，长岛人歌动地诗 i［-ι］。我欲因之梦寥廓，芙蓉国里尽朝晖 ui。"又如霍松林《唐音阁吟稿》中的五律《八月初抵南京入中央大学》："六代繁华梦，八年沦陷悲 ei。劫收忙大吏，供给苦遗黎 i。南复雍开讲，多士又盈墀 i［-ι］。致富图强路，抠衣问导师 i［-ι］。"

"支""儿""鱼""微""齐"五韵通押的，如遐龄新诗《决心要做党的好儿女》："张大爷，地头坐，大家请他讲故事 i［-ι］。大爷说：'旧社会比黄连苦，提起它来泪如雨 ü。人说父母最亲爱，我九岁上父母都去世 i［-ι］。叫天喊地都不应，有谁可怜穷孤儿 er？我没一犋牛，也没一分地 i。抬埋老人的两页席，也被地主抢了去 ü。旧社会，吃不饱来穿不暖，流干了汗水，流干了泪 ei。党的恩情深似海，亲生父母怎能比 i？'张大爷的话儿记心里，决心要做党的好儿女 ü！"①

例不赘举，"诗"辙合并"支""几""齐""微""鱼"是作诗押韵车轮滚过的轨迹，编写新诗韵无视这一客观存在，让"支"部、"微"部单独立韵，否定了邻韵通押合成韵辙的发展，使部分常用字词被限制进入韵脚的机会，不利于人们放开手脚进行文艺创作，这应该视作"十四韵"的不足之处。

---

① 引自 1973 年《华中七一专刊》。

从专家析韵从严的音典考虑，普通话有 39 个韵母，"十四韵"的韵母表仅 36 个，不承认 ê 韵母存在，er、ü 两韵不分立统叫"齐"韵，i〔-ɿ〕、i〔-ʅ〕两韵不分，统叫"支"韵，这是欠科学严密的。就语音学观点看，韵是指一个字一个音节后半截的音，它由元音构成，有的由元音和辅音韵尾构成（如鼻音韵母），单韵母离不了元音，因为元音声带颤动发出音响。对单韵母进行元音口腔舌位分析是对韵素的科学说明，也可从语音发展历史去进行考查。

先说 ê 韵的确立和并韵合成新辙的科学性。从口腔舌位看，o〔o〕是圆唇高中后元音，e〔ɣ〕是不圆唇高中后元音，两者仅是圆唇与不圆唇之别，都是高中后元音，音色接近，所以"十八韵"的波 o、歌 e 两韵，在黎氏创"十一道辙"时并为一辙，高氏的"十道辙"称为"歌"辙，"十四韵"称为"波"韵，没有实质差异。而 e〔ə〕是自然唇不圆唇央正中元音，ê〔ɛ〕是不圆唇低中前元音，两者都是不圆唇元音，只是后者比前者舌位略低略前一些，音色也是比较接近的。黎氏称"e"为"歌"韵，称"ê"为皆韵，高氏称"e"为"歌"辙，称"ê"为"写"辙，称 e、ê 通押为"写歌"分韵辙。"十四韵"称 e 为"波"韵，称 ê 为"皆"韵，没有看出它们的通押。笔者在宣传黎高新韵时，发现诗歌创作的波 o、歌 e、皆 ê 三韵都可通押，故立"乐"辙，取消"歌"辙、"写"辙与"写歌"分韵辙，并撰写了《论新诗韵九道辙的科学性与可行性》一文，先后在《宝鸡文理学院学报》《中国当代思想宝库》《中国经典文库》刊载，上海《社会科学文摘》也摘登了要点。

从语音发展的历史看，皆韵 ê 取得主要元音地位的时代较晚。诚如高元白先生所讲：在元代周德清撰写的《中原音韵》中，从

a（家麻）、o、e（歌戈）里抽出来，另成《车遮》一部，不过它里面混入一些ê韵字。到了"十三辙"的"乜斜"辙，就都是纯粹的ê韵字了。原来e的合口呼早就变成o了，e的齐齿呼、撮口呼也在几百年前变成只有齐撮两呼的ê了。e只在开口呼里出现。高先生的这个观点很有见地，等韵学家李新魁先生在《中国语文》上撰文也对ê韵出现较晚作过类似的考证。ê尽管出现较晚，但它仍是普通话的单韵母，《汉语拼音方案》规定e与ê只用一个字母，用符号"^"来区别。ê是独用的形式，与其他声母拼音时即去掉符号，成为ie、üe。拼写时去掉"^"不等于普通话的ê这个单韵母不存在。"十八韵"的"皆"韵字，"十道辙"的"写"辙所列韵母（ê、ie、üe）头一个也是ê。"十四韵"去掉ê韵母，又不正视它与"波""歌"韵字的通押、合辙是没有道理的。

再说"十四韵"对"十三支（-i）"（零韵母）的立韵也有问题。这是"十八韵"的沿留。从群众作诗用韵讲，它不宽容，从专家析韵音典看，它欠细密，不够科学。黎氏"十一道辙"早把"支""儿""鱼""微""齐"归为一辙，高氏的"十道辙"和黎高新韵的"九道辙"都用"诗"辙统摄。而"十四韵"能把"儿"韵、"鱼"韵与"齐"韵i合并，统摄叫"齐"韵，却把"支""微"两韵独立，这是不周延的表现。从音韵学和语音学观点看，"儿"韵、"鱼"韵和"微"韵一样，都可成为一个韵目，"支"韵i［-ɿ］、i［-ʅ］还应细分为"思"韵i［-ɿ］和"识"韵i［-ʅ］两个韵目。因为一个汉字一个音节，由声母和韵母组成，声母由辅音充当，韵母由元音或元音加辅音构成，一个音节，可以没有声母，叫"零声母"，照样能读出音来，但如果没有韵母或韵就发不出声音来。因此"零韵母"之说不科学。在注音字母时代，不能分析音素，ㄓ、ㄔ、ㄕ、ㄖ、ㄗ、ㄘ、ㄙ自成音节时没有设立韵母音标（注音字母）属情有可原，在《汉语拼音方案》时代，由于 zh、ch、sh、r、z、c、s 是不和 i 相拼的，i 只和 j、q、x 相拼，当 i 前若为 zh、ch、sh、r、z、c、s 时，就不读 i 了，所以也没有为这两个单韵母制定音标（拼音字母），也是可以谅解的。今天有了国际音标，对音节完全可以进行科学的音素分析，给 [tʂ-] [tʂʻ-] [ʂ-] [ʐ-] 声母后的韵制定音标 [-ʅ]，叫舌尖后韵母，给 [ts-] [tsʻ-] [s-] [z-] 声母后的韵制定音标 [-ɿ]，叫舌尖前韵母，完全有了条件。[-ɿ] 为舌尖前韵母，[-ʅ] 为舌尖后韵母，都为开口呼，这样就与舌面前韵母 [-i] 有了区分。舌面前元音 i [-i] 可以组合成复合韵母，如 ia、ie、iao、iou、ian、in、iang、ing 等叫齐齿呼韵，而舌尖前元音 i [-ɿ] 和舌尖后元音 i [-ʅ] 不能组成复合韵母，它们只能是两个单韵母，正像 er 独立成韵不能构成复合韵母一样，它也是单韵母。严格说来，ü 也应成为单韵母，它由舌面前高圆唇元音充当，与 i（舌面前高不圆唇元音）只是圆唇与不圆唇之别。当它组成复合韵母时上边两个圆点仍在，只是和 j [tɕ-]、q [tɕʻ-]、x [ɕ-] 相拼时上边两个圆点去掉，但也不读 u（舌面后高圆唇元音），韵母 er 自成音节，它也是一个特别韵母，主要由元音 e 组成，r 是不发音的，只表示发 e 音后舌尖略上翘一下即可，正像 -n 韵尾和 -ng 韵尾不发音，只是在前一个或前几个元音发出后，舌尖或舌根上翘成阻、收尾罢了。但 er、ê、ü、i [-ɿ]、i [-ʅ] 都是韵母，它们单独立韵和 i、ie、üe 是平等并列的关系。"十四韵"不为 ü（鱼）、er（ər）、ê（欸）、i [-ɿ]（思的韵母）、i [-ʅ]（识的韵母）立韵，沿用注音字母时代的"支"韵（零韵母）之说，是抱残守缺，没有跟上时代的步伐，违反了改革要"与时俱进"的规律。

　　笔者在《九道辙》中，赞同新韵分 18 个韵部，只是把原有的"支"韵分为"思"韵［-ɿ］和"识"韵［-ʅ］，按普通话 39 个韵母完整体系，确立 19 个韵目，符合专家析韵音典求严从细原则；又从作诗押韵用韵求宽考虑，再并 19 个韵目为 9 道辙，这样"宽、严"对立统一，求得新的"和谐"，既汲取了现代汉语音典沿用"十八韵""十三辙"体系的思路，又避免了这个体系的弊端，提供《中华诗词》编辑部修改"十四韵"时作参考。妥否？请专家、同行、广大改革者鉴定。

（原载《宝鸡社会科学》2007 年第 4 期）

诗韵改革要再上新台阶

——《中华新韵(十四韵)》的"文""庚"应该合并

中华诗词编辑部的《中华新韵（十四韵）》（以下简称"十四韵"）问世多年了。它是继《诗韵新编》（即《中华新韵（十八韵）》部，下简称"十八韵"）之后又一部权威性的新韵书。广大诗歌爱好者作诗填词有了新的依据，莫不拍手称快。编辑部为完善它，征求修改意见，笔者愿略陈愚陋。

一 从诗韵的本质看，发展变革是与时俱进

诗韵本来就是群众在作诗实践中要吟诵和谐，读来上口，反复不断走出的路子，像车轮滚过留下的印迹一样，所以又叫"诗辙"。押韵叫"合辙"；不押韵叫"出辙"或"不合辙"。人们把同韵字编纂一起就叫韵书，因此狭义的诗韵就是指韵书而言。作诗在先，韵书在后，韵书一旦产生又反作用于作诗的实践。而从基础和根本上看，人们作诗的实践决定了韵书的产生、发展和变革。

从语音学和音韵学角度看，古汉语词单音节占优势，一个汉字一个音节。诗韵是汉语诗歌独有的特点。传统的音韵学称一个汉字的音前半截是声，后半截是韵和调，押韵就是句末字后半截音调相同和相近，听起来悦耳和谐。从语音学角度分析，一个音节可分为声母、韵母、声调三部分。一个汉字可以没有声母，叫"零声母"，但必须有韵母和声调。否则发不出音来。"零韵母"（"十四韵"的编者有此称呼）之说是不能成立的。声母由辅音充当，韵母由元音或元音加辅音韵尾充当。韵母又分韵头、韵腹和韵尾。韵头位于声母与韵母之间，又叫介音。韵腹由元音 a、o、e 中低元音组成，由于它们常与其他元音和辅音组合成韵，音最响亮，又叫主要元音。韵尾由元音 i、u、ü 或鼻辅音 -n、-ng 担任。一个音节，可以没有声母，甚至可以没有韵尾，但要成韵，元音必不可少。a、o、e、i、u、u、i［-ʅ］［-ɿ］、er 等几个元音自成音节时就是独立成韵，用它们专押的叫单一韵辙，这在用韵上是非常清楚明确的。所谓"押韵""合辙"就是指诗歌双句末尾的字词其韵腹和韵尾相同、相近。相同者为专押的单一韵辙。上面举出的几个元音自成音节只是专押的单一韵辙的一种类型，还有 ai、ei、ao、ou、an、en、ang、eng、ong、ia、ie、iao、iou、ua、uo、uai、uei、ian、in、iang、ing、uan、uen、uang、ueng、üan、ün、iong 等韵单押，都叫专押的单一韵辙。诗人作诗用韵一般求宽松自由，希望通押的多，这可能与方音有关，而定韵的人审音求细，走的却是析韵从严的路子，两者矛盾对立。统一了就和谐，不统一就得变更。一般说来，韵书是由押韵字归纳整理而成，一旦规定形成，诗人就得遵照执行。尤其是在以律诗取士的科举时代，出韵就要名落孙山。但从总体上看，韵书还要符合吟诗人的口语习惯和使用便当。活的语音跟着时代变迁，诗韵相应也得与时俱进。因此，从本质上看，韵书不变是相对的，变革是发展，是与时俱进的。

二 从诗韵演变看，口语化简约为规律，并韵合辙是方向

我国第一部官修韵书是宋真宗大中祥符元年（1008）的《广韵》，它汇集了六朝至唐宋以来各家韵书的成就，它承继《切韵》系统，兼顾了古音和方音，而更多的是书面字音的汇总，以审音为主，分韵特别细密，有韵目206个。由于韵繁而窄，士子应试作起试帖诗来"苦其苛细"，文人写诗用韵也实在麻烦。早在唐初，礼部尚书许敬宗奏准邻韵可以合用，即某些音近韵部可以通融使用，叫作"同用"，不能通融使用叫作"独用"。这样就开了诗韵放宽尺度的先河。经清人戴震考定，《广韵》206个韵目中，"独用"的仅43个，而"同用"的有163个。后来将"同用"的再合并，到宋仁宗宝元二年（1039）的《集韵》时，206韵就并成109韵。再到金正大六年（1229），王文郁按金朝功令又将《广韵》"同用"的再合并，成为106韵的"平水韵"。清康熙五十五年（1710）钦定了《佩文诗韵》，实际就是用政治的力量推行脱离实际语音的"平水韵"，作为科举取士押韵的标准。直到今天旧诗韵仍然把它当作金科玉律。元代戏曲杂剧盛行。元泰定元年（1324），周德清依据北方实际语音变化（平分阴阳、入派三声）和曲调，把《广韵》中韵腹相近韵尾相同的韵部做了大量合并，创立了以韵统调的《中原音韵》，分19部。曲子要唱，耳听和谐是关键。所以，《中原音韵》口语化、简约化是诗韵改革的开创。宋代以词著称，出现了柳永、苏轼等大词家，但词和曲一样始终没有被官方列入科举的科目，因而也就没有官方颁布的统一韵书。人们基本上还是按"平水韵"来填词，不过有些词人

如秦观、辛弃疾等是按照当时口语押韵的。宋词用韵宽松自由，继承五代言情传统，接近民间口语，基本上反映了唐宋语音。久而久之，经归纳总结，戈载的《词林正韵》出世。它大致是"平水韵"放宽韵脚尺度的归并，并打破了四声的限制，规定入声可与平、上、去通押。共有韵47部（舒声14部按平、上、去分开计为42部，促声即入声5部，合称19韵部，按一、二、三、四……分立），比"平水韵"减少59个韵目。

词曲都要唱，以入耳和谐为宜。官修的"平水韵"和延伸的《词林正韵》越来越不适应。在曲艺界，就连《中原音韵》的19韵部也嫌拘牵太多。北方唱词中通用并韵的现象越来越盛，民间渐渐流行口耳相传的"十三辙"作为自然押韵的坐标，不过有目无书罢了。直到民国二十八年（1939），张洵如才把它调查整理成书，定名为《北京音系十三辙》。"十三辙"既合北方口音，又简约易行，被今天曲艺界广为应用。

当然，同任何事物的发展没有笔直路子可走一样，诗韵的发展长河中也出现过回旋。民国十一年（1922）赵元任在美国哈佛大学编著了《国音新诗韵》，它依据北京口音和新出的《国音字典》，对字音分析非常精细，审音析韵相当严密。可惜它沿袭旧诗韵体制，以阴平、阳平、上、去、入5个声调为纲，分韵103部，人们作诗押韵苦其浩繁，它脱离了群众，只能被束之高阁，自动终止其坐标的生命。黎锦熙、白涤州等语言学家汲取了这个教训，重新依《中原音韵》体制，并韵结果，编制出《中华新韵》十八韵部，由民国政府教育部颁布。中华人民共和国成立后半个多世纪以来，它又被修正增订，直到《诗韵新编》都以它作为新诗韵的范本。

综上所述，诗韵发展是沿着口语化简约的路子进行，而并韵合辙是客观的趋势，这是不以人的意志为转移的客观规律。诗韵改革按规律进行才会立于不败之地。

三 "十四韵"是"十八韵"的并韵合辙，尚不彻底

"十四韵"问世前，"十八韵"在社会上广为流行。仅上海古籍出版社出版的《诗韵新编》1978年7月第1版1981年4月第三次印刷印数已达22.2万册。数十年来它在为群众作诗用新韵和推广普通话方面发挥了积极的作用。在群众作诗实践中又渐渐地发现不够宽松自由，于是才有中华诗词编辑部"十四韵"的出现。我们试把"十四韵"和"十八韵"（括号内为十八韵和汉语拼音方案韵母及部分国际音标）作一对照：

一麻（一麻 a, ia, ua）、二波（二波 o, uo；三歌 e）、三皆（四皆 ê, ie, üe）、四开（九开 ai, uai）、五微（八微 ei, uei）、六豪（十三豪 ao, iao）、七尤（十二侯 ou, iou）、八寒（十四寒 an, ian, uan, üan）、九文（十五痕 en, in, uen, ün）、十唐（十六唐 ang, iang, uang）、十一庚（十七庚 eng, ing, ueng, 十八东 ong, iong）、十二齐（六儿 er, 七齐 i, 十一鱼 ü）、十三支（五支 i (i [-ɿ] [-ʅ])）、十四姑（十模 u）。

从对照可知，"十四韵"的"麻""皆""开""微""豪""寒""唐""支"的八个韵和"十八韵"完全一致，仅韵目的次第有变化，一对一更换名称的为文（痕），尤（侯），姑（模）三个韵，二合一的为"波"（波，歌），"庚"（庚，东）两个韵，三合一的为"齐"（齐，儿，鱼）一个韵。除了变更韵目次第和换了三个韵目名称，实际减少了四个韵部。并韵合辙符合群众用韵趋简的要求和诗韵发展的内部规律，笔者和广大诗歌爱好者一样为之欢欣鼓舞。不过笔者还是希望改革的力度再大些。具体说

来,"九文"与"十一庚","二波"与"三皆","七尤"与"十四姑","五微"与"十二齐""十三支"都可通押。并韵的结果,"十四韵"可以减为九个韵部,即"九道辙"。这里仅就"九文"与"十二庚"的通押谈谈理由。

四 从诗韵比较、发音原理、方音、历史渊源中看"文""庚"通押并韵的科学性

若把"十四韵""十八韵""十三辙"放在一起比较,就可知:"十四韵"的"九文"即"十八韵"的"十五痕","十三辙"的"十一人辰"。它涵盖了 en,in,uen,ün 四个韵,韵尾为 –n。属前鼻音韵,收尾时舌尖顶住齿龈(上牙床)即可。"十四韵"的"十一庚"即"十三辙"的"十三中东","十八韵"的"十七庚"和"十八东"。它涵盖了 eng,ing,ueng,ong,iong 五个韵(实为四个韵,ueng 是自成音节,ong 是与声母组合状态),韵尾为 –ng,属后鼻音韵,收尾时舌尖上翘抵住上腭即可。前鼻音韵、后鼻音韵差别只在收尾音受阻部位不同,气流皆从鼻腔出。由于韵腹皆为央元音 e,口腔张得不大,声音不够洪亮,不像 an、ang 中的 a 那样口腔张大,声音洪亮,保持彼此的独立性。所以 en、eng 在歌唱或朗诵时发挥鼻音作用区别就不是很大了。京剧里 an、ang 不能通押,而 en、eng 可以通押,道理就在于此。

从方音看,陕西西部、北部,以及甘肃、青海等地后鼻音韵比重很大。特别是宝鸡北部几乎把所有的前鼻音字读成后鼻音。如把"本""盆""门""分""根"读成"崩""朋""蒙""风""更",把"垦""真""晨""身""人"读成"坑""蒸""成""升""仍",说"关心"为"观星","亲近"为"清净","运""用"不分,"林""铃"相混……南方如江浙一带,有些方音却把后鼻音读成前鼻音。可见前后鼻音相混是常见的。吟诗填词谱曲和戏剧唱词中"文""庚"通押在南北方音中是经常可遇的。

再说"文""庚"通押还有历史渊源,上古就有通押的韵字。调查《上古音手册》,今天的"文"韵字,在上古的分布:文273,真104,侵96,其他各部(蒸5,耕5,之2,阳2,谈1)就属个别了。今天的"庚"韵字,相当"十八韵"的"庚"韵字376个。在上古的分布:耕216,阳76,蒸70,侵7,其他部(支3,谈1,之1)也属个别。"庚"韵字相当"十八韵"的"东"韵字249个。在上古的分布:东170,冬44,耕17,蒸12,阳6。经过排列比较,与"庚"韵同部的"文"韵字在上古只有"侵"。结论是:在上古只有四分之一的今"文"韵字与"庚"韵字同归一个韵部,可以互相通押。通押字数虽不如"庚""东"通押("十四韵"已归"庚"部)得多,但是通押现象确属客观事实。

只是在中古、近古和近代韵书里,才将文(痕)韵与庚(庚、东)韵分开。如《广韵》分它们为30部,相当今"文"韵的12部(上平声5部为:十七真,十八谆,十九臻,二十文,二十一欣;下平声1部为二十一寝;上声4部为:十六轸,十七准,十八吻,十九隐;去声2部为二十三问,二十四焮)。相当今"庚"(庚东)韵的18部[上平声3部:一东,二冬,三钟;下平声4部:十二庚,十三耕,十四清,十五青;上声5部:一董,二湩(肿),三十八梗,三十九耿,四十静;去声6部:一送,二宋,三用,四十三映,四十四净,四十五劲]。

"平水韵"和《佩文诗韵》旧诗韵分它们为21部,相当今"文"韵的8部(上平声2部:十一真,十二文;下平声1部:十二侵；上声3部：十一轸，十二吻，二十六寝；去声2部：十二震，二十七沁）。相当今"庚"（庚，东）韵的13部（上平声2部：一东，二冬；下平声3部：八庚，九青，十蒸；上声4部：一董，二肿，二十三梗，二十四迥；去声4部：一送，二宋，二十四敬，二十五径）。

《中原音韵》分它们为4部，相当今"文"部韵的为"七真文""十七侵寻"2部；相当今"庚"（庚，东）韵的为，一东钟，十五庚青2部。

《词林正韵》也分它们为4部：第六部（平声"真""文"通用，上声"轸""吻"，去声"震""问"通用）；第十三部（平声"侵"、上声"寝"与去声"沁"通用）相当今之"文"部；第一部（平声"东""冬"通用，上声"董""肿"与去声"送""宋"通用）；第十一部（平声"庚""青""蒸"通用，上声"梗""迥"与去声"敬""径"通用），相当今之"庚"（庚东）部。

"十三辙"分它为"十一人辰"（相当今"文"韵）、"十三中东"（相当今"庚"韵）两道辙。

"十八韵"分它们为"十五痕""十七庚""十八东"3个韵部。

实在说，"十四韵"并"十八韵"的"十七庚""十八东"为"十一庚"，不是新的发现。"十三辙"早已有"中东辙"，是并"庚""东"为一辙的。《诗韵新编》"附录""通押后的十八韵与十三辙对照表"中就有"庚"通"东"，"东"通"庚"之说（表中还有"波"通"歌"，"歌"通"波"，"支"通"儿""齐"），只是没有并为一韵罢了。"十四韵"把"九文"与"十一庚"分立，显然是沿袭了中古以来韵书分立的陈规。

高元白先生的《新诗韵十道辙儿》将"十八韵"的"痕""庚""东"并为一个韵部,创立了"风"辙。

笔者的《诗韵探新》和"九道辙"新韵书沿用了"风"辙之说,是以当代诗词用韵为根据的。

五 从毛泽东等诗词大家的实践看"文""庚"通押的可行性

毛泽东诗词"文""庚"通押的有 11 首。它们是:1910 年的《咏蛙》、1914 年的《湘江漫游联句》、1928 年的《西江月·井冈山》、1936 年的《临江仙·给丁玲同志》、1939 年的《妇女解放——题"中国妇女"之出版》、1945 年的《有田有地吾为主》、1948 年的《军队向前进》、1955 年的《看山》、1958 年的《刘蕡》。仅以人们通晓的五言诗《军队向前进》为例:"军队向前进,生产长一寸。加强纪律性,革命无不胜。""进""寸"文韵,"性""胜"庚韵。人们熟知的《西江月·井冈山》词,其韵脚"闻""遁"为文韵,"动""诚"为庚韵。

叶剑英的七律《八十书怀》:"八十毋劳论废兴,长征接力有来人。导师创业垂千古,侪辈跟随愧望尘。亿万愚公齐破立,五洲霸权共沉沦。老夫喜作黄昏颂,满目青山夕照明。""人""尘""沦"为文韵,"兴""明"为庚韵。

陶铸的《登衡山祝融峰》:"名山南峙北登临,绝顶融峰敢摘星。眼底奔流湘水碧,峦巅追逐白云深。我歌红日经天丽,谁遣豪情仗剑行。莫道两洋波浪阔,乘风飞去搏长鲸。""星""行""鲸"庚韵,"深"文韵。

霍松林的《遣怀》:"晨兴离学舍,田野且前行。蚕豆已扬花,麦苗绿成荫。蹒跚者谁子?乞食过北邻。力农岂不好,艰难剩一身。萧疏溪边行，绵蛮谷里莺。犹见有巢居，而无羲皇人。""荫""邻""身""人"文韵，"行""莺"庚韵。

　　林从龙的《欢迎日本定型诗代表团》："华夏唐音早定型，绿蓑青笠伴斜风。天皇最爱渔歌子，五首新词唱到今。""今"文韵，"风"庚韵。

　　刘启哲的《梦与宋楚瑜说》（之二）："男人活女人，男杰女坚贞。男人凭女人，女淑男忠诚。观尔夫妇合，携手定干城。庆父难如愿，楚瑜不顾身。""贞""身"文韵，"诚""城"庚韵。

　　还有李登霄、成训、杨斌、李逢春、郝怀斌、刘文轩、王育林、范希忠、魏保德等诗人皆有"文""庚"通押之作，不再一一举例。据统计，《陈仓诗草》这类诗选近四年达 326 首，《当代诗词点评》这类诗 17 首，《当代西秦百家诗词选》16 首……

　　实践是检验真理的唯一标准，"文""庚"通押已广见于当今诗词，诗韵改革，完善新诗韵应该正视这个现实。

（原载《宝鸡诗词》2007 年第 1 期）

续《诗韵改革要再上新台阶》

——《中华新韵(十四韵)》的"波""皆"应该并合

从前笔者的《诗韵探新》一书,改革新诗韵的《九道辙》自序和《论新诗韵〈九道辙〉的科学性与可行性》的一文,都曾对"波""歌""皆"三韵通押构成"乐"辙有较详细的论证,可惜没有引起后来"十四韵"编者及有关人士的重视。只有《诗韵改革要再上新台阶》一文被国内几种杂志转载了多次。而《诗韵改革要再上新台阶》是论证"十四韵"的"文""庚"应该合并,本文论证"十四韵"的"波""皆"应该并合。为引起重视,借用这个题目,给它前边冠以"续"字。

全文分现实诗词例证、通押历史缘由、多方理论探求三个部分。先列出9首诗,10阕词,查找新旧韵书,正视"波""皆"通押在诗词界中的客观存在,接着正面阐述"波""皆"通押的历史缘由,再进行"波""皆"通押多方面的理论探索。

一 现实诗词例证

解析9首诗、10阕词的押韵实践,看《中华新韵(十四韵）》的"波""皆"应该并合。

先看《革命烈士诗钞》中的一首新诗：

头可断，肢可折 e，革命精神不可灭 ie。志士头颅为党落 uo，好汉身躯为群裂 ie。（周文雍《绝笔诗》）

析：全诗表现出烈士坚定的革命信念和视死如归的大无畏精神。若以偶句用韵衡量。"灭""裂"为皆韵字 ie。若按句句押韵，则"折"shé 为歌韵（十四韵称波韵），"落"为波韵 uo，"灭""裂"为皆韵 ie，则全诗为"歌""波""皆"三韵通押。依《中华新韵（十四韵）》（以下简称"十四韵"），也叫波皆通押。

有人说，用《佩文诗韵》（即旧诗韵"平水韵"）衡量，"折""灭""裂"为入声九屑部，"落"为入声十药部。全诗为入声通押。这算一说。而《绝笔诗》入集《新诗选》，明明是新诗，为什么要用旧诗韵的入声去套呢？

下面 8 首诗无妨都用"平水韵"《中华新韵》十八韵和"十四韵"、《九道辙》一一作一检验。

再看陈毅元帅两首新诗：

投机取巧最可耻，曾言美帝不侵略 üe。中东局势今作证，叛徒叛徒汝何说 uo。（《反对美帝国主义侵略中东》）

析：这首反对美帝侵略中东的新诗，直斥叛徒为美帝掩饰之词，单刀直入，快人快语，读来令人酣快。依旧诗韵"略"入声十药部，"说"入声九屑部，十药九屑通押；依新诗韵，"略"皆

韵 üe；"说"波韵 uo，波皆通押。

群峰寂静，唯见白雪 üe。单机绕行，山口狭窄 e。穿云出雾，时明时灭 ie。俯天瞰地，惊心动魄 o。朝阳东去，光景奇绝 üe。（《陈毅诗词选集》）

析：坐在飞机上俯瞰昆仑山，真是"光景奇绝"。依旧诗韵"雪""灭""绝"入声九屑部，"魄"入声十药部，"窄"入声十一陌部，全诗为屑、药、陌入声通押。而依新诗韵"雪""灭""绝"为皆韵 üe、ie，"窄"为歌韵 e（"十四韵"称波韵），"魄"为波韵 o，全诗波皆通押。以下诗词简析后，不再注明"十八韵"的"歌韵"即"十四韵"的"波韵"，波皆通押，只列出十八韵的韵目即可。

三看近代学者黄侃（季刚）先生五言"效古"诗两首：

远道送行人，装回对尊酌 uo。浮云暮南征，乡思不可讬 uo。知彼此根蓬，随风互零落 uo。夙昔同绸缪，相爱不为薄 o。努力事荣名，勿负平生约 üe。（效李都尉《从军》）

析：妻子送丈夫从军远行，忆夙昔绸缪，祝努力事戎，真切感人。依旧诗韵"酌""讬""落""薄""约"为入声"十药"部，全诗押入声药部。而依新诗韵"酌""讬""落""薄"为波韵 uo、o，"约"为皆韵 üe。

轻纨制图扇，皎洁如明月 üe。常得亲玉手，摇动袪炎热 e。微物春明思，虽劳不肯歇 ie。凉风下玉阶，弃置焉能说

uo。旧好不如新，君情长断绝 üe。(效班婕妤《咏扇》)

析：历数扇子功效，但凉风吹来就弃置不用。以扇子自喻，讽谏喜新厌旧的薄情郎。依旧诗韵"月""歇"入声"六月"部，"热""说""绝"入声"九屑"部，全诗为入声"月""屑"通押；而依新诗韵，"月""歇""绝"为皆韵 üe、ie，"热"歌韵 e，"说"波韵 uo。

另举其他新诗四首：

当过 24 年反革命的鲁藜，65 岁平反，凝聚诗情的《补白集》发表了。42 岁的刘颖西终于找到了他。在历经阻折后，鲁藜 68 岁时与 45 岁的刘颖西正式结婚了。他们以自己的行动和语言为历经苦难的人生谱写了一曲爱情赞歌，把一幕人生悲剧用喜剧的形式画上了感人的句号。

多少芳心碾作尘，只有颖西香不歇 ie。寻寻觅觅人间世，踏遍天涯求未得 e。难却青工关注忱，忍泪强为丝罗结 ie。忽然一夜春风吹，《补白》光芒耀北国 uo。颖西痛苦两难中，平静之家起波折 e。大海胸怀伟丈夫，愿为诗情添光泽 e。怜爱颖西敬鲁藜，不让鲜花香艳灭 ie。听任命运巧安排，笑把私情操刀切 ie。鲁藜生活需要你，人间幸福我已得 e。泣不成声是颖西，心怀感激与他别 ie。秋风秋雨罩秋云，春日春花滴润色 e。携女来到鲁藜家，从此人间唱圆月 üe。白头诗翁壮年妻，爱河难度从头越 üe。人生难得是知己，佳话长留壮诗国 uo。(卫衍翔《诗中恋·记老诗人鲁藜和刘颖西的传奇婚恋》五《〈长恨歌〉中无情爱》)

析：这是一段七言乐府叙事诗。思想内容见诗前解说，是对反胡风案造成人间悲剧的揭露嘲讽。依旧诗韵，都押入声韵。"歇""月""越"为"六月"部，"结""折""灭""切""别"为"九屑"部，"得""国""色"为"十三职"部，"泽"为"十一陌"部。全诗为入声"月""屑""职""陌"通押。而依新诗韵"得""折""泽""色"为歌韵 e，"歇""结""灭""切""别""月""越"为皆韵 ie、üe。

楼头兴正嚼，吃公正猖獗 üe。酒气飘天外，吆声漫地穴 üe。残朽乞一饱，饿急主不接 ie。店家启笑容，客人请另择 e。县上宴公差，昨日已有约 üe。菜定龙戏珠，女要凤竞蝶 ie。接待若不周，麻烦断难结 ie。衙门三分惧，小侍敢轻却 üe。拂袖决然去，脑际沸沸血 üe。（刘启哲《小镇羊肉泡馍》）

析：这首五言乐府叙事诗揭露和斥责了社会上特权者公款吃喝的丑态。首句入韵，依旧诗韵，"嚼""约""却"为"十药"部，"獗"为"六月"部，"穴""结""血"为"九屑"部，"择"为"十一陌"部，"接""蝶"为"十六叶"部。全诗月、屑、药、陌、叶 5 个入声通押。而依新诗韵"獗""穴""约""却""血""接""蝶"为皆韵 ie、üe，"择"为歌韵 e。

无怨羽翎如纸薄，总将生命诚相约 üe。匆忙岁月极须追，苦味声情宜细嚼 üe。万里星河风荡杯，一行人家书长乐 e。青莓多少自依然，浩荡苍茫度朔漠 o。（罗杰《河曲望雁阵杂感》）

析：这首七律杂感，抒发了诗人对岁月声情的思考，大雁南飞不误时，人们也在顺应自然苍茫中度日，自在自安，融入自然怀抱。首句入韵。依旧诗韵"薄""约""嚼""乐""陌"为入声"十药"部。而依新诗韵，"约""嚼"为皆韵 üe，"薄""陌"为波韵 o，"乐"为歌韵 e。

　　人生尘世有折磨。父母磨难比儿多 uo。吃睡拉撒常操劳，饥寒冷暖费思索 uo。春夏秋冬勤呵护，东西南北苦奔波 o。经年累月青春去，腰弯腿硬力气薄 o。劝诫世人愚顽儿，莫把父母恩忘却 üe。生前尽力多孝敬，恭言敬语不斜睃 uo。出言不恭行不规，父母百年愧疚多 uo。自己儿孙自己爱，悟道敬老莫迟喏 uo。（李玉堂《吟父恩》）

析：这是一首劝孝的乐府诗，道出了父母为儿女的艰辛，劝世人不忘父母恩，生前多孝敬，省得老人百年后自己愧疚。首句入韵，先用旧诗韵（《佩文诗韵》即"平水韵"）衡量，"磨""多""波"为下平声"五歌"部，"索""薄""却"为入声"十药"部，平声与入声互押，显然不合格。而依新诗韵衡量，"磨""多""索""波""薄""睃""喏"为波韵 uo、o，"却"为皆韵 üe。全诗是以波韵为主，波皆通押。

　　以上九首诗中八首用旧诗韵衡量都押入声韵，一首只能用新诗韵衡量，而用新诗韵衡量都是波、皆两韵通押，笔者把这种现象称为"乐"辙。

　　词中波皆通押的现象更多，兹列举十阕。

　　先看毛泽东词两首：

今宵月üe，直把天涯都照彻e。清光不令青山失，清溪却向青滩泄ie。鸡声歇ie，马嘶人语长亭白o。（《归国谣·今宵月》）

析：这是毛泽东在延安书赠丁玲的手书词，明月照天，清溪长流，鸡声停歇，在马嘶人语声中，不觉东方发亮，长亭现出白光。抒发了词人待天明轻松喜悦的心情。依旧诗韵"月""歇"为入声"六月"部，"泄""彻"为入声"九屑"部，"白"入声"十一陌"部。全词为月、屑、陌3个入声通押。而依新诗韵"月""歇""泄"为皆韵üe、ie，"白"为波韵o，"彻"为歌韵e，全词为皆波通押。

横空出世，莽昆仑，阅尽人间春色e。飞起玉龙三百万，搅得周天寒彻e。夏日消溶，江河横溢，人或为鱼鳖ie。千秋功罪，谁人曾与评说uo？　而今我谓昆仑：不要这高，不要这多雪üe。安得倚天抽宝剑，把汝裁为三截ie？一截遗欧，一截赠美，一截还东国uo。太平世界，环球同此凉热e！（《念奴娇·昆仑》）

析：这首词通过昆仑山拟人化的描写，联系人民幸福与痛苦，抒发词人的壮志抱负，表达了"反对帝国主义"的意志和宏伟的大同理想。依旧诗韵，"色""国"为入声"十三职"部，"彻""鳖""说""雪""截"为入声"九屑"部。全词为职、屑通押的入声韵。而依新诗韵，"色""彻""热"为歌韵e，"说""国"为波韵uo，"鳖""截"为皆韵ie，全词以波韵为主，波皆通押。

再看霍松林词两首：

　　忍重记，花明阆苑，树拥芳蝶 ie。朱毂青骢竞发，清歌曼舞未阕 üe。甚蓦地西风离绪结 ie！绾残照，碧柳难折 e。渐暮霭沉沉暗南浦，音尘望中绝 üe。凄切，多故路远云阔 uo。向漏冷昏灯无言际，隐隐孤雁咽 ie。　　嗟万事迁就，经眼都别。泪泉顿竭 ie。窥绣帘，偏有当时圆月 üe。垂地银河星稠叠 ie，霜华重寒笳未歇 ie。圣娲老，情天谁补缺 üe。掉头去、即是沧波，泛画鹢，扶竿且钓芦花雪 üe。（《浪淘沙慢·匪石狮和清真，嘱余继声》）

　　析：这首词抒发了离愁别绪，寓情于景，情景交融。依旧诗韵，"蝶"为入声"十六叶"部，"阕""结""折""绝""咽""竭""迭""缺""雪"为入声"九屑"部，"阔"为入声"七曷"部。全词以屑部为主，屑、月、曷，入声通押。而依新诗韵"蝶""阕""结""绝""咽""竭""迭""缺""雪"为皆韵 ie、üe，"折"为歌韵 e，"阔"为波韵 uo。全词以皆韵为主，皆波通押。

　　恼乱闲愁何处着 uo，月子无情，故故穿朱阁 e。常是芳时甘寂寞，东风空送秋千索 uo。　　草长莺飞深似昨 uo。好梦惊回，事影都忘却 ue。帘外犹喧争树鹊，罗衾总奈春寒恶 e。（《鹊踏枝》）

　　析：这首词抒发了思妇孤独难耐之愁苦心情。依旧诗韵，"着""索""昨""阁""却""恶"都押入声"十药"部；而依新诗韵，"着""索""昨"为波韵 uo，"阁""恶"为歌韵 e，"却"为皆韵 üe，全词以波韵为主，波皆通押。

三看谈立人词两首：

烽火卢沟，驱敌寇昂扬激烈 ie。心欲沸，九州完璧，国强民惬 ie。气壮方舟风又雨，魂横莹塞肌和血 ue。恩怨弃，携手建神州，愁肠结 ie。　百年耻，腰未折 e。今胜利，人幽咽 ie。阅三千年史，合强分子 ie。壮志未酬时似水，老躯犹健心如铁 ie。听召唤，一统大旌红，从头越 üe。（《满江红·纪念抗日战争胜利五十周年》）

析：这首词抒发了作者纪念抗战胜利的心情，表示了"合强分子""恩怨弃愁肠结"的和平意愿与"身犹健""听召唤""一统大旌红，从头越"的壮志。依旧诗韵，"烈""血""结""惬""咽""子""铁"为入声"九屑"部，"越"为入声"六月"部，"惬"为入声"十六葉"部。全词为入声屑、月、葉通押。依新诗韵，"烈""血""结""惬""咽""子""铁""越"为皆韵 ie、üe，"折"为歌韵。全词以皆韵为主，皆波通押。

往事仍须说 uo。想当年，法西斯灭，世人狂悦 üe。环宇不遭魔鬼祸，历史翻开新页 ie。抬望眼，红旗猎猎 ie。四海高歌新乐土，叹难禁风雨频夭折 e。厦自毁，更凄绝 üe。　霸权主义狼心黜 ie。逞凶风，萝卜大棒，杀生予夺 uo。余孽画皮思再起，罪史妄图再抹 o。犹咏唱，兴亡空迭 ie。留给樵夫谈笑料，算人民历史丰功没 o。妖再起，望秋月 üe。（《贺新郎·纪念世界反法西斯战争胜利五十周年》）

析：这首词是纪念世界反法西斯战争胜利 50 周年的抒怀之作。下阕"余孽画皮思再起，罪史妄图再抹"一针见血地指斥日本安倍首相图谋军国主义复活。依旧诗韵"说""悦""折""绝""迭"为入声"九屑"部，"页""猎"为入声"十六葉"部，"黠"为入声"八黠"部，"夺""抹"为入声"七曷"部。全词皆押入声韵。其中上阕以"九屑"为主，屑、葉通押；下阕以"六月""七曷"为主，月、曷通押。依新诗韵，"说"波韵 uo，"折"歌韵 e。"悦""页""猎""绝"为皆韵 üe、ie，上阕以皆韵为主，皆、波通韵；下阕"黠""迭""月"皆韵 ie、üe，"夺""抹""没"为波韵 uo、o，皆波通押。

以下所列每人词一首：

壁意古帖 ie，泼墨心肠热 e。灯下涂鸦自慰，更珍惜，闲岁月 üe。休管它落叶 ie，吾爱书一叠 ie。满纸风涛狂放，莫笑我鬓飞雪 üe。（罗杰《霜天晓月·冬夜习字》）

析：这首词形象而具体地抒发了词人冬夜习字的心态。依旧诗韵"帖""葉""叠"为入声"十六葉"部，"热""雪"为入声"九屑"部，"月"为入声"六月"部。全词为入声葉，屑、月部通押。依新诗韵"帖""月""葉""叠""雪"为皆韵 ie、üe，"热"为歌韵 e。全词以皆韵为主，皆波通押。

邪火冲天，痴迷者枉然喋血 üe。求"圆满""放下生死"，美其名曰 üe。罪大恶极心险恶，妖言惑众如簧舌 e。冒黑烟，如此上天堂，空悲切 ie。　　李洪志，行径劣 ie。"圆满"论，纯邪说 uo。画皮撕破，彻底决裂 ie。摇尾乞怜奴婢

相，卖身投靠丧气节 ie。斥邪教，四海诛罚批和揭 ie。(鲁永利《满江红·斥李洪志"圆满说"》)

析：这首词是揭批法轮功邪教罪行，怒斥李洪志骗人的"圆满"说。依旧诗韵"血""舌""切""劣""说""裂""节""揭"为入声"九屑"部，"曰"为入声"六月"部。全词以"九屑"为主，屑月通押。依新诗韵"血""曰""约""劣""裂""节""揭"为皆韵 ie、üe，"舌"为歌韵，"说"为波韵 uo，全词以皆韵为主，波皆通押。

雾锁群峰，烟迷宫阙 üe。武当一派空蒙色 e。时临秋月放春寒，小小风雨无停歇 ie。 探胜心坚，观光意切 ie。跻登金顶豪情热 e，擎天柱顶反浩歌，骚怀笑傲楚天阔 uo。(黄念三《踏莎行·与诗友雨中游武当》)

析：这首词是记叙秋雨武当探胜之作。依旧诗韵，"阙""歇"为入声"六月"部，"色"为入声"十三职"部，"切""热"为入声"九屑"部，"阔"为入声"七曷"部。全词为月、职、屑、曷通押的入声韵。而依新诗韵"阙""歇""切"为皆韵 ie、üe，"色""热"为歌韵 e，"阔"为波韵 uo，全词皆、波通押。

昆仑万仞，待登攀，一览神州春色 e。问道金猴扇火熄，从此群峰冷彻 e。想禹王前，江河不畅，四极栖龟鳖 ie。到春秋后，争鸣蜂起立说 uo。 倾耳如听呼声，勿言粗莽，请赏晶莹雪 üe。未必长城无是处，今古分为两截 ie。天下宏

观，自强不息，百族浃浃国 uo。同舟共济，中兴齐发光热 e。（伍文《念奴娇·昆仑》）

析：这首词通过登昆仑山览春色，忆金猴，想禹王，听呼声，赏莹雪的描写叙述，表达了词人热爱祖国大好河山，决心同舟共济振兴中华的意愿。依旧诗韵"色""国"为"十三职"部，"彻""鳖""说""雪""截""热"为九屑部。全词以押入声屑部为主，屑职两部入声通押。依新诗韵"色""彻""热"为歌韵 e，"说""国"为波韵 uo，"鳖""雪""截"为皆韵 ie、üe，全词波、皆通押。

二　通押历史缘由

以上诗词，除李玉堂《吟父恩》用旧诗韵衡量为平声入声互押不通外，其余 18 首，都属押入声韵。这是笔者逐一查对《佩文诗韵》的结论。而依新诗韵"十四韵"衡量都是皆、波通押。笔者把皆、波通押称为"乐"辙是有缘由的。

先说用旧诗韵衡量。旧诗韵指《佩文诗韵》，它由清朝康熙皇帝钦定，其底本却是由金人王文郁修编的，即金王朝颁布的《平水新刊韵略》（简称"平水韵"）。直到 1716 年，清康熙又对它加以钦定，成为清廷取士作诗押韵的标准。至今人们常以它为规则法度，实际上今日语音早有变迁，诗人作诗押韵用它作圭臬，必须一一查对才行。"平水韵"中"九屑"部的韵字，与"六月""七曷""八黠""十一陌""十三职""十六葉"的一些韵字常常通押。而六月、七曷、八黠、九屑、十药、十一陌、十六葉都是入声，这就构成了皆韵（"平水韵"多为"九屑"）与波韵字（"平水韵"散见于六月、七曷、八黠、九屑、十药、十一陌、十三职、十六叶）通押的基础。

再说用新诗韵衡量。新诗韵就是以现代普通话语音为主要依据的韵书。

《诗韵新编》上海古籍出版社1978年7月第1版，1981年3月第三次印刷，印数达22.2万册。多年来，人们常以它为新韵范本。其实《诗韵新编》是沿袭了黎锦熙、白涤洲于1941年编著的《中华新韵》十八韵部（以下简称"十八韵"），因为两书的韵目名称和次第完全相同（"一麻""二波""三歌""四皆""五支""六儿""七齐""八微""九开""十模""十一鱼""十二侯""十三豪""十四寒""十五痕""十六唐""十七庚""十八东"）。"十八韵"的《中华新韵》由于是中华人民共和国成立前国民政府颁布的"官韵"，故《诗韵新编》的出版说明中模糊了这个新韵的书名和作者名字，笔者把《诗韵新编》和《中华诗韵》十八韵部统称为"十八韵"。在"十八韵"里二波三歌四皆是分立的三个韵部。不过在《诗韵新编》附录中有"通押后的十八韵与十三辙对照表"。表中清楚列出"波通歌""歌通波"。而在"十三辙"中统列为"梭波"辙。

黎锦熙先生在1949年后继续进行新诗韵改革的探索。1950年，商务印书馆出版了黎氏《增注中华新韵》，仍分韵18部，波歌两部既分立，又通用。1965年，黎锦熙先生著《诗歌新韵调研四种》，将18韵部并为11道辙，排列于下：1 麻 a, ia, ua；2 波 o, uo, 歌 e；3 皆 ê, ie, üe；4 支 i, 儿 er, 鱼 ü, 微 ei, ui, 齐 i, 模 u；5 开 ai, uai；6 豪 ao, iao；7 侯 ou, iou；8 寒 an, ian, uan, üan；9 唐 ang, iang, uang；10 痕 en, in, un, ün；11 庚 eng, ing, ueng, 东 ong, iong。很明显，波歌并为一辙（还有庚、东并为一辙，支、儿、鱼、微、齐、模并为一辙）只是未立辙名罢了。由于恰逢"文化大革命",该书终未出版,《中国语文》1966年第二期刊载了部分内容。

高元白先生在黎氏十一道辙之后再并合韵辙且立辙名,撰写了《新诗韵十道辙儿》。其辙名、次第为:1"发"a、ia、ua;2"歌"e, o、uo;3"写"ê、ie、üe;4"诗"i, i [-ɿ] [-ʅ], ü、er、ei、uei;5"来"ai、uai;6"高"ao、iao;7"斗"u、ou、iou;8"战"an、ian、uan、üan;9"唱"ang、iang、uang;10"风"en、in、uen、ün、eng、ing、ueng、ong、iong。很显然,高先生把黎先生的1麻、3皆、5开、6豪、8寒、9唐分别称为"发""写""来""高""战""唱"辙,波、歌合称为"歌"辙;侯、模合称为"斗"辙,痕与庚、东,合称为"风"辙,支、儿、鱼、微、齐合称为"诗"辙,口诀为"写诗歌来战斗,风发高唱"。

黎氏十一道辙和高氏《新诗韵十道辙儿》都把波韵和歌韵合为一辙,高氏还命名为"歌"辙,对皆韵与歌韵通押高氏命名为"写歌"分韵辙。

笔者在学习研讨黎、高新韵实践中,发现皆韵不仅可与歌韵通押,而且还可与波韵通押,直至波、歌、皆三韵在同一首诗歌中都能押韵。于是提出建立"乐"辙(因为"快乐"的"乐"和"音乐"中的"乐"同一字两读),取消高氏"歌"辙、"写"辙和"写歌"分韵辙,从而变《新诗韵十道辙儿》为"九道辙"。"九道辙"的口诀:"诗风发,乐高唱,来战斗。"核心是并波、歌、皆三韵为一"乐"辙。

三 多方理论探求

为什么皆韵字能和波韵字、歌韵字通押呢?

首先是通押的波、歌、皆韵字多为旧读入声。前举 9 首诗，10 阕词的例证，除 1 首诗外，都押旧入声韵，再查《诗韵新编》韵字，更可说明问题。《诗韵新编》皆韵字共 288 个，非入声字 75 个，其中阴平仅 15 个，阳平 18 个，上声 10 个，去声 32 个，入声 213 个。皆韵的旧读入声字为非入声字的 3 倍，占绝对优势。① 《诗韵新编》波韵字共 372 个，其中阴平 42、阳平 51、上声 34、去声 35、入声 210，歌韵字共 273 个，其中阴平 38、阳平 32、上声 14、去声 19、入声 170，入声仍占大的比例。波歌皆三韵通押，关键在于入声字占绝对优势。

从汉语语音发展的历史看，皆韵 ê 取得主要元音的地位时间较晚。诚如高元白先生所讲："在元代《中原音韵》中，从 a（家、麻），o、e（歌、戈）里抽出来，另成《车遮》一部，不过它里面混入一些 ê 韵字。到了《十三辙》的《乜斜》辙儿，就都是纯粹 ê 韵字了。原来 e 的合口呼早就变成 o 了。e 的齐齿呼，撮口呼也在几百年前变成齐撮两呼的 ie，üe 了。e 也就只有在开口呼音节里出现。"图示如下：

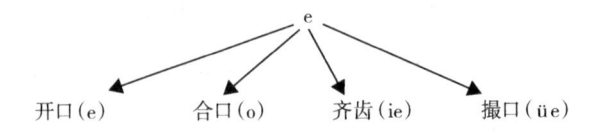

```
            e
    ↙   ↙   ↘   ↘
 开口(e) 合口(o) 齐齿(ie) 撮口(üe)
```

这样就可以从历史的角度看出皆韵 ê 来源于歌韵 e 的母子关系。

如果把今天的皆、波、歌韵字与上古音韵部所辖韵字作一比较（将唐作藩先生《上古音手册》辖今皆、波、歌韵字做了调整，鉴于制版困难，仅将数字列出）就会发现，上古月部辖今波

---

① 中华书局上海编辑所编辑：《诗韵新编》，上海古籍出版社 1978 年版。

韵字31个、歌韵字13个、皆韵字95个，依次铎部波78、歌3、皆5，职部波8、歌33、皆3，屋部波20、歌1、皆4，物部波9、歌2、皆3，之部波2、歌1、皆1，锡部波3、歌17、皆0，叶部波0、歌11、皆31，质部波0、歌1、皆33，辑部波0、歌12、皆0，支部波0、歌0、皆13，脂部波0、歌0、皆7，觉部波0、歌0、皆2。

归纳起来，在上古13个韵部中有6个韵部（月、铎、职、屋、物、之）所辖字在今天是皆、波、歌三韵通押，只是所辖通押字各部多少不同罢了。在叶部和质部中是歌、皆两韵字通押，在锡部中是波、歌两韵字通押，辑部为今歌韵字，支、脂、觉三部为今皆韵字。这样，就歌韵与皆韵通押而言，上古有8部，比三韵通押多了两部。当然对《上古音手册》的调查，只能说明这些字在上古押韵的分布情况，实际语音还是有变化的。不过它从侧面证明，今天一些皆韵字与波韵、歌韵字通押是有历史渊源的。

从口腔与舌位分析，o[o]是圆唇高中后元音，e[ɣ]是不圆唇高中后元音。e[ə]是自然唇（不圆唇）央正中元音，ê[ɛ]是不圆唇低中前元音。o[o]与e[ɣ]仅是圆唇与否之别，都是高中后元音，音色相近，而e[ɣ]与ê[ɛ]都是不圆唇元音，只是后者比前者舌位略低略前一些。e与ê的音色也是很接近的。《汉语拼音方案》规定，e与ê只用一个字母，用符号"^"来区别。ê是独用的形式，与其他字母拼音时去掉符号，成为ie、üe。"十八韵"的皆韵字ê、ie、üe在"十三辙"中是乜斜辙，在《新诗韵十道辙儿》中是"写"辙。既然o、e、ê音色相近，从宽模糊包容一点可以通押，那么梭波与乜斜两辙合为一辙，将高氏的"歌""写"两辙并为一辙，取消"写歌"分韵辙，也就顺理成章了。

陕西关中人把"学习"的"学"读 xuó，把"音乐"的"乐"和"公约"的"约"读成 yuǒ；把"快乐"的"乐"读 luǒ。这又为波、皆、歌通押的"乐"辙的建立提供了方言的依据。改革新诗韵应当以现代普通话语音为依据，但也不可忽视方言语音对诗人用韵的影响。

《中华新韵（十四韵）》是 2011 年由中华书局正式出版的，编者早在 2005 年《中华诗词》中登出征求修改意见稿。笔者认为，如能适应广大诗歌爱好者写诗实践的要求，将会受到更多人的欢迎。

耄耋之人恳切希望诗韵改革再上新台阶！

（原载《看今朝》2016 年第 1 期）

创新寓协调　通押现包容

——《中华新韵(十四韵)》的"尤""姑"应该并合

诗韵发展沿着口语化、简约化的道路前进，改革新诗韵以普通话语音为标准，这是创新。但也要适当照顾多数方言区词语用韵的实际，这就是协调和包容。协调包容是诗韵发展的内在规律之一。上有承继的诗韵系统，中有方言的吸纳，下有革新的空间，这就保证了诗韵既有相对稳定的法规，又有改革和与时俱进的发展。通押并韵、合辙是包容简约的表现之一。

由《诗韵新编》即《中华新韵》"十八韵"到《中华新韵》"十四韵"，减少了四个韵，实际上是通押并韵的结果。因为"十四韵"的"二波"就是"十八韵"的"二波"o、uo 和"三歌"e，"十一庚"是"十七庚"eng、ing、ueng 和"十八东"ong、iong 的并合，"十二齐"是"六儿"er、"七齐"i、"十一鱼"ü 的并合。

由"十八韵"到《新诗韵十道辙儿》减少了 8 个韵，也是并韵合辙的结果。具体为："二波" o、uo，"三歌" e，并为"歌"辙；"五支" i〔-ɿ〕〔-ʅ〕，"六儿" er，"七齐" i，"八微"

ei、ui，"十一鱼"ü，通押合并为"诗"辙；"十五"痕 en、in、uen、ün，"十七庚"eng、ing、ueng，"十八东"ong、iong 并为"风"辙；"十一模"u，"十二侯"ou、iou 并为"斗"辙。

由《新诗韵十道辙儿》到"九道辙"减少了一辙，实际是并"歌"辙和"写"辙为一"乐"辙的结果。

可知，"斗"辙的建立，是《新诗韵十道辙儿》提出的，"九道辙"只是沿用而已。

《中华新韵》"十四韵"的"七尤"ou、iou 和"十四姑"u 实际上是"十八韵"的"十二侯"ou、iou 和"十一模"u 的更名而已。论证"十四韵"的"七尤""十四姑"的并合通押，实质上是论证"十八韵"的"十一模""十二侯"并为"斗"辙的可行性与科学性。

一 从十三首诗词看"姑""尤"通押并合的可行性

先看五首七言律诗：

自来兵家运筹苦 u，唯见胜将最惜卒 u。举棋一入敌营垒，过河诀别不回头 ou。炮缴象去拼残局，车前马后为胜谋 ou。喜出功归擒王子，何计封册一名无 u。（刘启哲《再读东玉〈戏赠棋友李公〉》）

析：象棋中兵卒排行最末，但在对垒中，它勇往直前从不回头，擒王也不计册封，故为胜家最珍惜。全诗喻意伟力出于民众，小卒作用不可忽视。首句入韵，"苦、卒、无"为姑韵 u，"头""谋"为尤韵 ou。

一塔凌空问斗牛 iou，中原逐鹿几沉浮 u。匆匆过客陈余墨，莽莽英雄漫古丘 iou。千载诗骚流恨水，满船星月映寒秋 iou。万山难载江东去，直下三吴十二州 ou。（江泽中《汉阴龟山电视塔》）

析：汉阴龟山电视塔高耸入云，历尽沧桑，见证了古往今来的千秋大事，诗人骚客的咏叹，英雄豪杰的过往，人事变迁都随时间流逝，唯电视塔依然如故。首句入韵，"牛、丘、秋、州"为"尤"韵 iou、ou，"浮"为"姑"韵 u。

信步桥头乐自如 u，欣夸天堑变通途 u。车分南北奔京沪，船向京西棹蜀吴 u。游客登楼争上下，健儿击浪弄沉浮 u。任它浪滚波涛涌，笑踏长虹跨急流 iou。（黄鹤《武汉长江大桥一瞥》）

析：赞武汉长江大桥，通过车、船、游客、健儿的活动一瞥，再望长江滚滚急流，挡不住笑踏大桥人的快乐心意。首句入韵，"如""途""吴""浮"为姑韵 u，"流"为尤韵 iou。

草芳风暖境清幽 iou，远客争先到此游 iou。万木葱葱吾快意，六和耸峙众投眸 u。三潭印月月垂影，柳浪闻莺莺转喉 ou。难怪东坡赞西子，水光山色总娇柔 u。（李西亭《西湖赞》）

析：西湖清幽、六和耸峙、三潭印月、柳浪闻莺、水光山色，诗人赞不绝口。首句入韵，"幽""游""喉"，尤韵 iou、ou，

"眸""柔"，姑韵 u。

天外奇思笔底收 ou，佳篇直与两京侔 ou。风霜老识聊斋味，山水神驰雁荡秋 iu。袖内芬芳桃李笑，眼前突兀栋梁浮 u。高名已继酬人传，更把红心换白头 ou。（庄严《寄怀苏老步青》）

析：追忆苏步青句句切实，不假浮辞，气势贯通，承接得力。首句入韵，"收""侔""秋""头"为尤韵 ou、iou，"浮"为姑韵 u，尤姑通押。

七言绝句一首如下：

画艇欢歌载客游 iu，举目四眺水天浮 u。秋山更比春山美，云物斑斓润泽流 iou。（薛维桂《游漳河水库》）

析：这首绝句赞漳河水库之美，艇载客游，水天相接，云物斑斓，美不胜收。首句入韵，"游""流"为尤韵 iou，"浮"为姑韵 u。

词曲三首：

独立寒秋，湘江北去，橘子洲头 ou。看万山红遍，层林尽染，漫江碧透，百舸争流 iu。鹰击长空，鱼翔浅底，万类霜天竞自由 iu。怅寥廓，问苍茫大地，谁主沉浮 u？　携来百侣曾游 iou。忆往昔峥嵘岁月稠 ou。恰同学少年，风华正茂，书生意气，挥斥方遒 iou。指点江山，激扬文字，粪土当年万户侯 ou。曾记否，到中流击水，浪遏飞舟 ou？（毛泽

东《沁园春·长沙》)

析：这首词通过对长沙深秋景色的描绘和回顾往昔革命斗争历程，表现了词人毛泽东及其战友对国家命运前途的关切和激流勇进的革命斗争精神。"头""流""由""游""稠""遒""侯""舟"为尤韵 ou、iou，"浮"为姑韵 u。

　　秋夜泛舟于黄鹤楼下，看月色，听江声，心境莹然，疑非尘世。
　　点点鱼鳞浪起，丝丝蛛网云浮 u。笑沧海一扁舟，利锁名缰何有 iou？　　千里珠帘两岸，三分明月中流 iou。莫须骑鹤下扬州，听取玉龙吹透 ou。(贾修龄《西江月》)

析：此曲写秋夜在黄鹤楼下泛舟的见闻。看月色、浪起、云浮、珠帘、明月，听江声、玉龙吹透，大有超脱尘世，名利皆空之感。"有""流""透"为尤韵 iou、ou，"浮"为姑韵 u。

　　久慕苏公游赤壁，而今初访黄州 ou。如画是新秋 iou。行行鸿雁字，点点隐渔舟 ou。　　盖世英雄安在也？周郎诸葛曹刘 iou。浪花淘尽一时休 iou。披襟倚岸立，谁为主沉浮 u？(白雉山《临江仙·游黄州赤壁》)

析：这阕词再现了苏轼"赤壁怀古""浪淘尽千古风流人物"的慨叹，发出了"谁为主沉浮"的天问。"州""秋""舟""刘""休"为尤韵 ou、iou，"浮"为姑韵 u。
　　五言古诗更有"尤""姑"通押的现象，如：

悠悠扬子水，巍巍黄鹤楼 ou。皓月挂飞檐，长虹跨激流 iou。龟蛇犄唇齿，轮笛应鼓桴 u。三楚雄风在，晴川好个秋 iou。（屠炳春《戊辰中秋玩月黄鹤楼》①）

析：扬子水、黄鹤楼、长江大桥连接龟蛇两山、湖北雄风、秋景晴天宜人欣赏，赞叹河山风光，暗恋祖国统一之情。"楼""流""秋"为尤韵 ou、iou，"桴"为姑韵 u。

新诗如：

石油已自给，我心并不足 u。我愿油成海，淹没五角楼 ou。（徐少山《我愿油成海》）

析：石油自给，诗人兴奋不已，还望油成海，完全冲破封锁，淹没霸主美国佬，爱国反霸之情溢于言表。"足"为姑韵 u，"楼"为尤韵 ou。

红军长征到乌江边，乌江天险挡住路 u。惊涛万丈卷白雪，天兵天将难飞渡 u。痛饮壶中祖国水，人民苦心记心头 ou。炮火之中架浮桥，天险变通途 u。（《行军壶》）

析：咏物抒情。通过行军壶在红军长征途中的作用反映长征艰苦和红军不屈天险的斗志。"路""渡""途"为姑韵 u，"头"为尤韵 ou。

---

① 此诗为"国立"台北教育大学教授屠炳春回大陆探亲时所作。

中国工农红军，解放弱小民族 u，一切彝汉平民，都是兄弟骨肉 ou。可恨四川军阀，压迫彝人太毒 u；苛捐杂税沉重，又复妄加杀戮 u。红军万里长征，所向势如破竹 u；今已来到川西，尊重彝人风俗 u。军纪十分严明，不动一丝一粟 u；粮食公平购买，价钱交付十足 u。凡我彝人群众，切莫怀疑畏缩 u；赶快团结起来，共把军阀驱逐 u。（朱德《中国工农红军佈告》）

析：据俞源之文可知：1935 年 5 月 21 日红军长征到达冕宁县，朱德召集彝汉同胞参加群众大会，他在讲话中说，彝汉是一家，穷人要团结起来，打倒蒋介石和四川军阀，才能翻身过好日子，并以红军总司令的名义发布了《中国工农红军佈告》。它通俗生动地宣传了中国共产党的民族平等精神，在彝族群众中产生了积极影响。刘伯承总参谋长正是根据"佈告"精神与彝族沽基部落首领小叶丹歃血为盟，使先遣部队在彝族同胞的帮助下顺利通过大凉山，直达大渡河南岸的安顺场。在此期间，彝族同胞在当地建立了红军彝民支队，多达千余人。此前 5 月中旬，蒋介石调动大军部署在大渡河畔围堵红军，并致电各军称："大渡河是太平天国石达开全军覆没之地，今共军入此汉彝杂处……给养困难的境地，必步石军覆辙，希各军师长鼓励所部建立殊勋。"蒋介石料红军不敢从彝区通过，因此把守备重点放在大树堡一带。为避敌军堵截，红军果断选择了经过大凉山彝区冕宁至安顺场的小路。毛泽东满怀信心地说：彝人最痛恨的是白军，彝族人听说朱德总司令的部队来了会高兴的。事实验证了毛泽东的判断是英明正确的；事实粉碎了蒋介石的电告预言；事实验证了《中国工农红军佈告》的威力；事实也验证了中国共产党民族平等政策在红军长征时已有成效，今后必须继续坚持。

若以句号为准，句号前的韵脚字"由"为尤韵 ou，其余"戮""俗""足""逐"皆为姑韵 u。若算分号前的字为韵脚字，则"族""毒""竹""粟"为姑韵，"缩"有两读：一为波韵 uo，二为姑韵 u。若依姑韵算，则布告以姑韵为主，姑尤通押。

二 "姑""尤"分立并合的韵书史溯源

今天《中华新韵（十四韵）》是分立"七尤""十四姑"的，若追溯韵书历史，却是有分有合的，排列如下：

2011 年中华书局出版《中华新韵（十四韵）》，分立"七尤""十四姑"韵。

2005 年中华文化出版社出版笔者编著的《九道辙》合为"六斗"辙。

1984 年陕西人民出版社出版高元白著《新诗韵十道辙儿》合为"七斗"辙。

1978 年上海古籍出版社《诗韵新编》分立"十模""十二侯"韵。

1966 年《中国语文》载黎氏十一道辙分为"四支""儿""鱼""微""齐""模"与"七侯"（未立辙名）。

1950 年商务印书馆出版黎锦熙的《增注中华新韵》分"十模""十二侯"韵。

1941 年黎锦熙、白涤洲所著《中华新韵（十八韵部）》仍分"十模""十二侯"韵。

1937 年张洵如调查整理的《北京音系十三辙》分立"七姑苏""八由求"辙。

1820 年清代戈载《词林正韵》第四部平声"鱼""虞"通用；

上声"语""虞"通用，去声"御""遇"通用；第十二部平声"尤"独用，上声"有"与去声"宥"通用；第十五部入声"屋""沃"通用；第十六部入声"物""月"通用。

1324年元代周德清《中原音韵》分"五鱼模""十六尤侯"韵。

1229年金代王文郁编《平水新刊韵略》（简称"平水韵"，后被清康熙钦定为《佩文诗韵》）分属上平"六鱼""七虞"部，下平"十一尤"部，上声"六语""七虞""二十五有"部，去声"六御""七遇""二十六宥"部，入声"一屋""二沃""五物""六月"共十三部。

1008年宋代陈彭年、丘雍等人奉命合编《大宋重修广韵》（简称《广韵》）分属二十二部，具体为：

平声六部：上平"九鱼""十虞""十一模"，下平"十八尤""十九侯""二十幽"；

上声六部："八语""九虞""十姥""四十四有""四十五厚""四十六黝"；

去声六部："九御""十遇""十一暮""四十九宥""五十侯""五十一幼"；

入声四部："八物""九迄""十月""十一没"。

最后追溯到周秦两汉以《诗经》韵字为代表的上古音，今天"尤"韵字与"姑"韵字分属"之""幽""侯""屋""觉"五个韵部，且是你中有我，我中有你。因为据唐作藩先生（前中国音韵学会会长、名誉会长）编著的《上古音手册》可知：上古的"之"部字有30个为今"尤"韵字，它们是"否""谋""某"；"休"；"久""玖""灸""疚""旧""柩"；"丘""邱""龟（龟兹）""裘"；"尤""忧""疣""犹""邮""有""又""羑"；"又""右""佑""有""侑""宥""囿"。有13个为今

"姑"韵字，它们是"不""部""蔀""篰""瓿"；"涪""罘""芣""负""妇"；"母""拇""亩"。换句话说，这30个今"尤"韵字和13个"姑"韵字在上古既同属"之"部，当然可以通押。在以《诗经》音韵为代表的周秦两汉时代，"之"部字的"尤""姑"通押早已有之了。

同理，上古"幽"部字辖今"尤"韵字205个，"姑"韵字12个；上古"侯"部字辖今"尤"韵字93个，"姑"韵字70个；上古"屋"部字辖今"尤"韵字14个；"姑"韵字827个；上古"觉"部字辖今"尤"韵字6个，"姑"韵字59个。字例不再一一列举了。

这就是说，在上古音韵中有五个韵部辖今"姑""尤"两韵字共578个。其分布为"之"（30尤，13姑）、"幽"（205尤，12姑）、"侯"（93尤，70姑）、"屋"（12尤，18姑）、"觉"（6尤、56姑）。当然，时有古今，地有南北，字有更革，音有转移，用加法画等号衡量古今音变有简单化之嫌，但从押韵字看来，也可推知一些蛛丝马迹来。今天"尤""姑"通押的韵字在上古可找到用例，这是历史存在的客观事实，不是某个人的臆想与杜撰。

以上所列韵书虽未概括全部，但从分合"尤""姑"两韵看来，《中华新韵（十四韵）》是承继分立的系统，分立是韵书分韵严谨细密的表现。高元白先生的《新诗韵十道辙儿》将《中华新韵（十八韵）》的"十模""十二侯"并合为一"斗"辙，笔者于2005年编著的《九道辙》沿用了高先生"斗"辙之说。并韵合辙是满足写诗人求宽容简约的需要。如果单押"斗"辙的u可叫姑韵，ou、iou可叫尤韵，"姑""尤"通押叫"斗"辙，原理是韵目可细分，通押要包容。既符合音典从细从严的要求，又照顾了写诗人用韵求宽松的实际。

至于从调查韵书知"鱼"韵 ü 和"姑"韵 u 通押并合，在《词林正韵》《平水韵》《中原音韵》中屡屡出现，在黎氏十一道辙中的第四辙内也是"鱼""模"（十四韵称"姑"）和"支""儿""微""齐"统在一辙，我们另立"诗斗"分韵辙，这里不再赘述。

三　从发音部位、发音方法等语音学和音韵学的音转原理看"姑""尤"并合

"姑"韵 u 是单韵母，单元音，从发音部位看是圆唇，舌位最高，发音方法靠后的元音，简称圆唇最高后元音，"尤"韵 ou、iou 是复合韵母，由 o 和 u 或 i 与 o 和 u 复合元音组成，i 是介音，韵头，在押韵中不起决定作用，起决定作用的是韵腹 o 和韵尾 u，ou、iou 的韵尾和姑韵 u 完全相同，这是"尤""姑"通押的决定因素。韵腹 o 是圆唇高中后元音，它和 u 同为圆唇高后元音，差别在于：u 为最高，o 为中高；u 为最前，o 为居中。舌位的高低前后是比较接近的，这是 ou、u 通押的基础。

再说，复合韵母发音是不能延长的，若一延长就不再是复合韵母，而变成后一个元音的单韵母了。试把 ou 的音延长，就可以和 u 完全一样了。可能发音初始口腔 o 比 u 大些，但一延长就缩小得和 u 音完全一致了。因为 ou 的韵尾和 u 完全相同。

就音变而言，ou 变 u 可以看作是相邻元音间的互变。在音转学的传统音韵学上称这种相邻元音作韵腹的互变叫"旁转"。细分析起来，"尤"韵 ou，韵腹为 o，韵尾为 u，姑韵 u 是单元音，单韵母，本无韵腹和韵尾，也可以看作是韵腹兼韵尾。押韵不管韵字的声母和韵头（介音），只看韵腹和韵尾是否相同或相近。尤其是韵尾在韵脚字中的协调作用是很关键的。尤韵与姑韵由于

韵尾相同、音色相近，两韵通押组成一道合成的"斗"辙是情理可通，十分自然的。

应该说，诗人作诗，"姑"韵与"尤"韵单用比两韵通押要常见些，但通押也是客观存在的，用一"斗"辙代表通押也代表分立，正像用"风"辙既代表"文""庚"通押，也代表分立的"文""庚"韵一样。《中华新韵（十四韵）》的"庚"韵不就是代表了《诗韵新编》的庚韵 eng、ing 和东韵 ong、iong 吗？

把音典就精求细和押韵求宽松自由结合起来就是"姑""尤"并合为一"斗"辙的理由所在。望广大诗歌创作与编写韵书爱好者参与这个讨论，真理总会越辩越明，经得起实践检验。

（原载《宝鸡社会科学》2017 年第 2 期）

"诗"辙为什么有如此大的包容性？

——《中华新韵(十四韵)》的"齐""支""微"应该并合(一)

"诗"辙为什么能包容"十四韵"的"齐""支""微"韵？概括起来理由有三：一是广大诗人作诗求宽松自由的实践车轮滚过碾出了车印轨迹，下文"鉴赏诗词点评，返观新韵包容"从当代诗词曲的点评按语中回答这个问题；二是新诗韵脱胎于旧诗韵，必然带有脱胎的痕迹；三是运用现代语音学原理，从舌位口腔及其相近变化分析它可包容的缘由。

本文就二、三两条着重阐说如下：

一　从韵书传承痕迹看通押

《中华新韵（十四韵）》是从《诗韵新编》（十八韵部）并韵而来，而《诗韵新编》实质上就是黎锦熙、白涤洲两位语言学家在1949年以前编著的《中华新韵（十八韵部）》，笔者把近年来中华书局出版的《中华新韵（十四韵）》简称为"十四韵"，把上海古籍出版社20世纪七八十年代出版的《诗韵新编》和黎锦熙、白涤州两位语言学家在1949年以前编著的《中华新韵（十八韵部）》统称"十八韵"。

"十四韵"的"齐"韵涵盖了"十八韵"的"齐""儿""鱼"三韵，"支""微"两韵独立，而在《诗韵新编》"通押后的十八韵与十三辙对照表"中就有"支"（通"儿"、通"齐"）、"儿"（通"支"、通"齐"）、"齐"（通"支"、通"儿"）之说，"支""儿""齐""鱼"都在"十三辙"的"衣欺"辙。可知，"齐""儿""支""鱼"四韵在民间口耳相传的"十三辙"中，原来就是一个"衣欺"辙，后来才分"支""儿""齐""鱼"四韵的。

表中还有"模"（通鱼），在"十三辙"叫"姑苏"辙，"波"（通"歌"）、"歌"（通"波"），在"十三辙"叫"梭波"辙，可知"十四韵"的波韵即"十三辙"的"梭波"辙，"十八韵"又分"梭波"辙为"波"韵与"歌"韵，"十四韵"的"庚"韵即"十三辙"的"中东"辙。"十八韵"又分"中东"辙为"庚"韵和"东"韵，这里不再赘述了。

"十四韵"的微韵直接由"十八韵"微韵而来，"十三辙"称之为"灰堆"辙，而"十三辙"的"衣欺"辙比"十四韵"的齐韵还多涵盖了一个"支"韵。

黎锦熙先生1965年著《诗歌新韵调研四种》将"十八韵"音近通押的归并为十一道辙（未立辙名）。其中第四辙为支i，儿er，鱼ü、微ei、ui，齐i，模u六个韵，依然说"鱼"通"模"，"模"通"鱼"。第四辙比"十四韵"的齐韵多涵盖了"支""模"两韵。

高元白先生1984年著《新诗韵十道辙儿》立了十道辙名。其中"诗"辙就涵盖了ï、i、ü、er、ei（uei）五个韵；比"十四韵"的齐韵多涵盖了ï、ei（uei）两韵，他把ü、u通押称作"诗斗"分韵辙。

笔者 2005 年编著的《九道辙》，基本沿用高氏辙名（包括"诗"辙）且将 ï 分立为思韵 i [-ɿ] 和识韵 i [-ʅ]，对 i、ü、er、ei（uei）分别又恢复了"十八韵"的"齐""鱼""儿""微"四个韵的名称作为韵目。于是"诗"辙涵盖了"思""识""齐""鱼""儿""微"六个韵目。既有音典求科学细致严密的要求，又有作诗用韵求宽松自由的体现。

从韵书所辖的韵字看，新韵书从旧韵书脱胎的痕迹更为明显。只要调查《佩文诗韵》几个韵就会发现，今韵通押韵字在旧韵书里也有交叉出现：

1. 上平声［四支］韵部，除了涵今"思"韵，"识"韵字外，还涵有"齐""微""儿""鱼"的韵字，以齐韵字为最多，［四支］涵今"齐"韵字的有"移""奇""宜""仪""皮""离""夷""旗""基""期""疑""医""遗""肌""披""嬉""貍""骑""岐""歧""巵""饥""姨""颐""蚁""脾""嶷""怡""尼""漪""匜""牺""饴""疲""麋""祁""咿""奇""骐""其""比""疾""蛇""琪""耆""茨""畸""椅""厘""剂""戏""提""积""地""黎""犁""姬"等 50 多个。

［四支］涵今"微"韵字的有"碑""眉""悲""惟""维""葵""随""麾""湄""卑""桸""谁""窥""龟""锥""坠""楣""推""逶""羸""睢""丕""蕤""陂""帷""鎚""佳""委""甀""为""吹""垂""规""危""炊""亏"等 40 多个。

［四支］涵今"儿"韵字的有"而"；［四支］涵今"鱼"韵字的有"居"。

2. 上平声［五微］韵部除了涵今"微"韵字外还涵今"齐"

韵字 10 多个，如"饥""希""稀""衣""依""沂""圻""欷""唏""豨""激""机""矶""玑""旂"等。

3. 上平声［八齐］韵部，除了涵今"齐"韵字外，还有今"微"韵字"圭""闺""邽""奎""睽""刲"6 个；涵今"思"韵字的有"嘶""澌""撕"3 个；涵今"儿"韵字的有"儿"。

这就是说今天的一些"齐"韵字，在《佩文诗韵》里分布为［八齐］［四支］［五微］韵部，今天的一"些"微韵字在"平水韵"里分列在［五微］［四支］［八齐］里。今天的"鱼"韵字有的还在"平水韵"的［四支］里；今天的"儿"韵字有的在"平水韵"［四支］里，有的在［八齐］里。

由此可知，今天的"齐""微""支""儿""鱼"通押，在《佩文诗韵》里也能找到例字。

二　从语音学原理分析通押

"十八韵"的"齐"韵 i 为舌面前高元音，"十四韵"的齐韵 i、er、ü 还包括了"十八韵"的"儿"韵 er 和"鱼"韵 ü。为什么能涵盖包括？"十四韵"的制作者没有说明，我们可以分析：

先从"鱼"韵 ü 和"齐"韵 i 的同异说起。"齐""鱼"两韵都是舌面前高元音，差别在于"齐"韵 i 为不圆唇前高元音，ü 为圆唇前高元音。发 i 音时舌面平而唇是扁的，若将唇变圆即成 ü 音，发 ü 音时舌面平而唇是圆形，若将唇变扁，即成 i 音。所以"齐""鱼"两韵从舌位看都是前高元音，仅在唇的圆扁处有细微差别。作诗押韵，用韵求宽松，可以将"齐""鱼"通押合并，是在情理之中。陕西关中一些地方把"去"读成"气"，"去不去"变为"气不气"的发音，也为 i、ü 通押提供了方音的依据。

若从音典角度看,"齐"韵 i 和"鱼"韵 ü 各自独立成韵是不能相混的。

再说"儿"韵 er 是个单韵母,又是个特殊韵母。它特殊在不与声母相拼,只能自成音节。从音素分析来看,er 是 e 与 r 的合成,不过 r 是不发音的,发 e 音时舌尖略翘一点即成。正像 an 韵中的收尾 –n 和 ang 韵中的收尾 –ng 一样,发 a 音时收尾舌尖上抵齿龈(上牙床)气流从鼻腔出即为 an,发 a 音时舌根上抵上腭即为 ang,在儿化韵中,e 就不出现了,韵后加一个 r 即可。–r、–n、–ng 都是辅音韵尾,只成阻不发声,不是声母 r–、n–、ng–,–r 更不是国际音标颤音〔–r〕,一定要分辨清楚。儿韵 er 所辖韵字极少,独列一韵,音典可以成立,作诗押韵大可与它韵合并。"十四韵"将儿韵 er 归入齐韵,无可厚非。因为 i、er 都是舌面前高元音,差别只是后者比前者舌位稍后稍低,且收尾舌根稍翘一下罢了。

以上是为"十四韵"的"齐"韵包容了"儿"韵和"鱼"韵补讲了点语音学原理。再说"齐""支"通押和"齐""微"通押。

齐韵 i 和支韵 i〔–ɿ〕和〔–ʅ〕都是不圆唇前高元音,差别在于前者是舌面前高元音,后者是舌尖高元音,从音典角度严格地分析起来,"支"韵应是"思"韵 i〔–ɿ〕和"识"韵 i〔–ʅ〕两个韵目。"思"韵 i〔–ɿ〕为舌尖前高元音,发音时舌尖轻与上齿相接。调查"思"韵字,没有古入声字掺杂进来,而"识"韵 i〔–ʅ〕为舌尖后高元音,发音时舌尖上翘轻与齿龈(上牙床)相触,调查"识"韵字有古入声字掺杂进来。分清"思"韵和"识"韵对辨别入声有辅助作用。因为入声归仄声,律绝讲平仄。"思"韵字一般可用来押韵(韵押平声),而"识"

韵字若为入声者一般不能入韵（专押仄声者例外）。"齐"韵 i，发音时舌面比"思"韵和"识"韵略低略后一些。从作诗用韵求宽松包容来看，"齐"韵和"思""识"两韵通押是合乎情理的。甘肃等地把"系"读作"四"，韩城等地把"二哥""二嫂"叫〔zๅ〕哥、〔zๅ〕嫂，也为"齐""儿""思"通押提供了方言语音的依据。

"齐""微"通押的缘由。"齐"韵 i 是单元音，单韵母，"微"韵 ei、uei 是复合元音，复合韵母，从音素分析，ei 是 e 与 i 的结合，ui 实际是 uei，是 u、e、i 三个元音的结合。其中 u 是韵头，它常介于声母和韵母之间，故又称介音。押韵只看韵腹和韵尾，对韵头（介音）是不管的。韵尾在押韵时起关键作用，"微"韵的韵尾 i 和"齐"韵 i 完全相同，这就是"齐""微"可以通押的关键所在。单元音、单韵母读音可以延长，而复合元音、复合韵母读音不能延长，一延长就与尾音相同，不再是复合元音复合韵母了。"微"韵一延长就与"齐"韵一样没有差别了。作诗押韵求宽松自由、讲包容，"微""齐"通押也就在情理之中了。

"微""齐"通押和"十四韵"的"姑""尤"通押（"十八韵"的"模""侯"通押）道理完全一样，笔者在《创新寓协调通押现包容——〈中华新韵（十四韵）〉的"尤""姑"应该并合》一文中已有论证，兹不赘言。

（原载《看今朝》2017 年第 1 期）

鉴赏诗词点评、返观新韵包容

——《中华新韵(十四韵)》的"齐""支""微"应该并合(二)

实践是检验真理的唯一标准。真理只有在实践中才能得到检验，真理只有在实践中才能得到确立。①

《中华新韵（十四韵）》（下简称"十四韵"）的"五微""十二齐""十三支"通押并合为"诗"辙是否能成为真理，只有在当代诗词创作押韵的实践中才能得到检验和确立。

笔者提出并合"微""齐""支"为"诗"辙的主张，举了一些如毛泽东等诗词大家作诗填词的实例为佐证。本文再用《当代诗词点评》一些诗词曲验证"诗"辙的包容性。列出"点评"后笔者加按既表示一得之见，又与"诗"辙包容相联。

人们知道，"十四韵"是从《诗韵新编》[实即黎锦熙等编著的《中华新韵（十八韵部）》，以下简称"十八韵"] 脱胎而来。"十四韵"的"五微"即"十八韵"的"九微"，"十三支"即"十八韵"的"六支"，"十二齐"即"十八韵"的"六儿、七

---

① 2016年10月21日，习近平在纪念长征胜利80周年大会上的讲话（《看今朝》）。

齐、十一鱼"的并合。只要"十八韵"的"支""儿""齐""微""鱼"中有两个乃至五个通押并合,就都在"诗"辙之列。

齐微通押的:

一别妆台久,思君懒画眉 ei。颜随秋月戚,空自卜归期 i。(何香凝《征妇怨》二首之二)

[霍松林评]写征妇之怨。而厌恶战乱,渴盼和平之意,见于言外。

[贺新辉评]诗作采用白描的表现手法,句句抓住一个"怨"字,以"怨"绘景,以"怨"抒情,细致入微地刻画和描写怨妇的生动形象与心理活动,感人至深,情中之景,景中之情,宛转相生,摹写曲至,堪称近代《卷耳》之篇。

按:这首五绝可与《诗经》"卷耳"篇媲美。"眉"为微韵 ei,"期"为齐韵 i。

南苑兵哀未解围 ui,将军战血满征衣 i。黄龙待饮西台哭,空见沙场马革归 ui。(田翠竹《吊佟麟阁将军》①)

[刘大如评]这是一首抗战英雄的赞歌。首句写因寡不敌众,佟将军不幸陷入敌人重围,奔突而不可脱。次句写他浴血奋战的情况。一个"满"字,见出战斗的惨烈,也写出他的凛然正气和誓死为国捐躯的节操。三、四两句写他牺牲后的情景:亲友们望着他浸染鲜血的征衣恸哭不已。"空见沙场马革归",不正面写他

---

① "七七事变"后两年间,何香凝有"抗战百咏",现存十一首,此为其中之一。

的牺牲，是因为人们（包括诗人）不愿意接受这个痛苦的事实。这样写，笔墨显得含蓄、迂回，切合人们的心理要求。

按：这首七绝吊佟麟阁将军为抗日英勇牺牲，令人缅怀敬仰。首句入韵，"围""归"，微韵 ui，"衣"，齐韵 i。

文凭一纸世间稀 i，怪底时人着急追 ui。若道凤凰天下贵，可怜无羽不如鸡 i。（方金木《文凭》）

[熊东遨评] 捅破窗纱，切中时弊。轻知识而重文凭，世风如此，无怪人们争相以羽毛为饰也。群鸡有羽，独凤凰无羽，可乎？曰：不可。联结活用俗语，诙谐中有许多苦涩。

按："凤凰无羽不如鸡"，文凭热时代，诗人无奈地慨叹世风。此世风何时能改变？答案留给读者思索。七绝首句入韵，"稀""鸡"，齐韵 i，"追"，微韵 ui。

轻舟已过岭云西 i，巫峡巫山入梦迷 i。江水无心悲路险，峰峦有意恨天低 i。依然夜哭惊风雨，何日边城息鼓鼙 i。我亦有家在东海，迢迢客梦到深闺 ui。（刘大杰《入峡》）

[林岫评] 入川感时之作。颔联借元人萨都剌"望天低吴楚"句，承前启后，写战乱离乡之痛，足色悲凉。尾联似悠悠牵出，贯串有章，唯语稍浅露。

[何均地评] 忧国伤离，深情无限。由纪行起，以写景承，转而抒情，有起伏，有法度。两联对仗亦工整。

按：刘大杰所著的《中国文学发展史》名噪一时。他1935年入四川巫峡，正逢日寇大举侵华，刘先生背井离乡，忧国伤时，战乱带给人们的悲凉之痛从纪行、写景、抒情中层层显露，语言朴素而非"浅露"，用俗语入诗更显得真切。七律首句入韵，"西""迷""低""鼙"，齐韵 i，"闺"，微韵 ui。

七十古稀今不稀 i，算来应叹此身微 ei。文章只合充肥料，菩萨原来披外衣 i。五岳三山惊喝令①，九儒十丐总招诽 ei。臣之状也窝囊极，投劳踟蹰谁与归 ui？（何满子《七十今不稀》）

［林东海评］杂文家多以杂文笔法为诗，犯颜直谏，何须防闲！读何公之诗，知其谏也要非曼倩之取容，而同朱云之折槛，虽千载之后，犹赞其耿直也。

按：从作者介绍知，何满子老师是上海古籍出版社编审，上海师范大学教授，著有《论〈儒林外史〉》《记蒲松龄与〈聊斋志异〉》。他 70 岁，自称"身微""文章只合充肥料""披衣"的泥"菩萨"，这绝不是自谦，而是对那个轻视知识和知识分子时代的诅咒，因为"九儒十丐总招诽"，只有"喝令三山五岭开道"之人才能大喊"我来了"！嬉笑怒骂皆为诗，天真不泯地道出了 20 世纪 50 年代后期知识分子心中的无限辛酸，读来令人扼腕。此七律首句入韵，"稀""衣"，齐韵 i，"微""诽""归"，微韵 ei、ui。

谁凭彩笔写余晖 ui，一发青山渐向微 ui。今夜失眠非守岁，天涯无客不思归 ui。寻梅踏雪西湖月，破浪乘风燕子矶

---

① "五岳"句，指"大跃进"年代一首颇为流行的民歌中之"喝令三山五岭开道"。

i。万里长江春又到,莫言头白故人稀 i。(林恭祖《春节怀大陆》①)

[庄严评] 首二句虽未言"怀大陆",而"怀大陆"之意已寓于其中,呼之欲出。尤其是第二句化用东坡"青山一发是中原"之句,不能不使人缅怀故国,怅触万端。末二句即点出春到江南,待人游赏,又故作自慰之语,以喻归尚未迟,而深切怀念大陆之情,跃然纸上。

按:国人盼望台湾回归,祖国统一,旅居台湾之人更是怀念祖国大陆。诗人缅怀故土之情,在颔联中一泻而出:"今夜失眠非守夜,天涯无客不思归。"诗人流落台湾,思念故乡,夜不能寐,声言"非守岁"有意而为,实乃怀恋故土,盼祖国统一尚不能如愿。海峡两岸盼统一是人心所向,大势所趋。台独不得人心。首句入韵,"晖""微""归",微韵 ui,"矶""稀",齐韵 i。

顾有头颅在,敢忘风雨危 ui?八公皆草木,五月尚旌旗 i。人事原知愧,天公自可期 i。鬑发倚长剑,起视夜何其 i。(潘天寿《顾有》)

[王翼奇评] 此诗作于寇深祸亟之际,直陈报国心愿,陈郁而飞动。末联依剑而起,是何意志雄且杰。先生咏雁荡展旗峰句云:"而今我亦思名马,一抹斜阳展大旗",作于同时,亦与此同一豪壮。

按:只要顾有活着,就不敢忘社会危急。老了仍倚长剑夜间

---

① 此诗在台北发表后,《光明日报》《人民日报·今日台湾》相继转载,广东陆丰青年陈章义与林先生互相唱和,先后刊载于《当代诗词》及《汕头特区报》。

起视，保持高度警惕，敢于担当报国，全诗充溢豪壮之气，这首五律，"危"，微韵，"旗""期""其"，齐韵 i。

齐支通押的如：

> 秭归挥袂客行西 i，谷峡澜回鸟亦稀 i。江尽水从青嶂出，风高帆向白云驰 i〔-ʅ〕。崖飞千瀑天垂练，船上三巴浪作梯 i。身立瞿塘乍回首，巫山一十二峰低 i。（徐国林《巫峡》）

〔卢位棣评〕"船上三巴浪作梯""巫山一十二峰低"给人以鲜明的立体感，想象离奇，令人倾倒。

按：乘客西行，穿越峪谷，水从峰出，帆向云驰，瀑天垂练，巴浪作梯，瞿塘回首，十二峰低。写出了巫峡水急逆行而上的立体见闻。夸张、比喻、想象合理，这首七律首句入韵，"西""稀""低"，齐韵 i，"驰"，识韵 i〔-ʅ〕（"十四韵"称支韵），全诗以齐韵为主，齐支通押。

> 又当投笔请缨时 i〔-ʅ〕，别妇抛雏断藕丝 i〔-ʅ〕。去国十年余泪血，登舟三宿见族旗 i。欣将残骨埋诸夏，哭吐精诚赋此诗 i〔-ʅ〕。四万万人齐蹈励，同心同德一戎衣 i。（郭沫若《归国谣》①）

〔臧克家评〕郭沫若先生于大革命后流亡日本达十年之久，

---

① 作者注：归国前后，随兴感奋，曾作组诗若干首，杏村有嗜痂之癖，爰书付之。1937 年 10 月 24 日晨，由前线访问归来，兴致尚佳。

忧国怀乡，五内如焚。国共再度合作，抗日战争爆发，全国一致，人心振奋，旅居国外的老诗人心潮澎湃，欣喜若狂，别妇抛雏，奔回祖国，哭吐精诚，赋诗抒怀。心腑之言，感人励人。普遍传诵，影响极大。

[王国钦评]首联见精诚，尾联见雄心，今日读来仍令人热血沸腾，激动不已，足见其艺术魅力之强。

[杨嘉仁评]此作步鲁迅诗韵。起句言"又"，盖当年北伐曾"投笔请缨"，如今抗战"又"当共时也。故而"别妇抛雏"，义无反顾。颔联追昔抚今，不胜感慨。颈联表誓死国难的决心，尾联申全民族抗战的希望。一气贯注，壮怀激烈，感人至深，不唯传诵一时，且将与鲁迅诗同其千古。

按：郭老两次"投笔请缨"正当时，随兴感奋赋此诗，吐真情、抒心怀、表抱负，传为佳话。尤其是当日本侵华他能"别妇抛雏"，毅然离开日本返回祖国鼓动并参与抗战，其民族情爱同心，实在令人感佩。直至今日，读此诗，郭老壮举无不令人敬仰。

"时""诗"，识韵 i [-ʅ]，"丝"，思韵 i [-ɿ]，"十四韵"统称两韵为支韵，"衣"，齐韵 i，支齐通押。

      为抗权奸志不移 i，东林一代好男儿 er。攀龙凤节扬千古，字字痛心绝命词 i [-ɿ]。（邓拓《题东林书院》二首之二）

[林东海评]明东林党人于宋扬时（号龟山）在讲学处建书院（在今江苏无锡），关心时局，评议朝政，与阉宦魏忠贤抗争，惨遭迫害。二诗盛赞东林党人之气节血性，景仰之情溢于言表，盖有所感而发者也。

按：邓拓的《燕山夜话》在"文化大革命"时被打成反革命

的大毒草，其实那正是借"夜话"评议时政之弊，颇有东林党人之风。他的诗盛赞东林书院，其时他与人合著的《三家村札记》正是承传了东林党人的气节和血性。他宁肯自杀不改气节，回想起来，令人景仰。此七绝首句入韵，"移"，齐韵 i，"儿"，儿韵 er（"十四韵"也称齐韵），"词"，思韵 i [-ɿ]（"十四韵"称支韵），齐（齐儿）支通押。

出岫云娇不自持 i [-ɿ]，为风吹上碧玻璃 i。卷帘爱此朦胧月，画里青山梦里诗 i [-ɿ]。（俞平伯《偶忆湖楼之一夜》①）

［何均地评］如此精奇秀美之景，如无诗心，遇之不能留意，留意之亦转瞬遗忘，即使不忘，也无彩笔写出耳。

［刘宝和评］意雅词秀，自属诗中上品，不自持者，云淡如烟也，碧玻璃者，天清如水也，而又在夜中，伴朦胧月色，则益觉风光无限矣。

按：云淡、天清、月朦胧、青山入画梦里诗，好一派西湖风光。七绝首句入韵，"持""诗"，识韵 i [-ɿ]，"十四韵"称支韵，"璃"，齐韵 i。支齐通押。

运筹马上且吟诗 i [-ɿ]，儒将风仪壮丽词 i [-ɿ]。梅岭三章忠义至，阎罗从此怕旌旗 i。（孙轶青《读〈陈毅诗稿〉》）

［林从龙评］结句化用"旌旗十万斩阎罗"，极见匠心，并寓

---

① "忆湖楼"指作者西湖寓所。

气势,深得陈诗真谛。

按:前两句描绘出陈毅元帅马上吟诗的儒将风度,后两句盛赞诗稿"忠义"的威力。气势磅礴,潇洒流畅。七绝首句入韵,"诗",识韵 i〔-ɿ〕,"词",思韵 i〔-ɿ〕,"十四韵"统称支韵,"旗",齐韵 i。

品罢七星叠采,偶来抚弄青狮 i〔-ɿ〕。碧波潭畔赏虹霓 i。试登湖上路,过眼竹横枝 i〔-ɿ〕。笑指人欺造物,崇山捏作天池 i〔-ɿ〕。雄狮猛虎化为鱼 ü。桂林山水好,此处更多姿 i〔-ɿ〕。(钟家佐《临江仙·青狮潭》)

〔汪民权评〕青狮潭水库在广西桂林、灵川、龙胜三县之间,依崇山峻岭而筑。诗人直指人欺造物,把高山捏成了天池,使原来形如雄狮猛虎的峥嵘怪石没于水中而化成了鱼。比兴之巧,殆杜甫所谓"龙文虎脊皆君驭"欤?

按:前两句以比喻手法叙事,"品罢七星叠采",指游过南宁市清秀山,不说"游"而用"品",游赏之意盎然。"偶来抚弄青狮"不是真的抚弄青狮,而是偶来青狮潭一游。第三、四句写景也有动感:青狮潭水碧波潭畔映照虹霓用一"赏"字现出诗人心境;登湖上路"过眼竹横枝"悦目之感又暗含一个"赏"字。下阕触景生情,人改造自然,把高山变成水库池边,用一"捏"字,可见诗人的浪漫了。怪石如雄狮猛虎被水淹没化作水库里的鱼。比喻形象生动,兴趣盎然。末两句评价直呼青狮潭水库比"桂林山水甲天下"还美。"狮""枝""池",识韵 i〔-ɿ〕,"姿",思韵 i〔-ɿ〕("十四韵"统称为支韵),"霓",齐韵 i,"鱼",鱼韵 ü("十四韵"称齐韵),识、思、齐、鱼通押,依

"十四韵"为支（思识）齐（齐鱼）通押。

  卧龙岗上碧参差 i [-ʅ]，过客来寻诸葛祠 i [-ʅ]。犹有旌旗扬古庙，重修殿宇护残碑 ei。风云预测三分日，鼓角空闻六出时 i [-ʅ]。五丈陨星千古恨，中原终未见王师 i [-ʅ]。（余乔生《过南阳武侯祠》）

[王国钦评] 首联总写，依次点明地点、人物、事件；颔联以"旌旗""古庙""殿宇""残碑"，烘托出武侯祠的庄严肃穆；颈联忆想诸葛亮往日的丰采，功勋，写出斯人之不朽；尾联以其未能完成北定中原统一中国的大业，终是十分遗恨。层次井然，语尽而情不尽。

  按：诸葛亮是在卧龙岗上预测天下三分鼎立之势，但辅佐蜀汉六出祁山而功未成。明知不可为而为之，忠义之士，尽职尽责，鞠躬尽瘁，死而后已，成为世人效法的楷模，歌颂的偶像。可敬可叹！此七律首句入韵"差""祠"，思韵 i [-ʅ]，"时""师"，识韵，i [-ʅ]（"十四韵"统称为支韵），"碑"，微韵 ei。

  全诗以支韵为主，支微通押。若依《九道辙》则为"思""识""微"三韵通押的"诗"辙。

  星移物换，造化最无私 i [-ʅ]，芭蕉绿，樱桃熟，正当时 i [-ʅ]。举空卮，道是千杯少；几多事，存心底，人渐老，秋霜白，起愁思 i [-ʅ]。冷暖阴晴，踏遍关山路，瘦马长嘶 i [-ʅ]。任春来冬去，衡浦雁参差 i [-ʅ]。行道迟迟，雨霏霏 ei。　　效濠梁趣，乐天命，沉吟久，觅新诗

i［-ɿ］。蜡未尽，光犹炽，草凄凄，雨丝丝i［-ɿ］。待到花开日，同欢笑，喜扬眉ei。抬望眼，云天阔，梦魂驰i［-ɿ］。无愧生平，往事难回首，功过深知i［-ɿ］。是非宜记省，毁誉亦良师，莫笑吾痴i［-ɿ］。（张文勋《六州歌头·夏日抒怀》）

［蔡厚示评］张兄为著名白族学者，且擅诗词。读此长调即可知其襟期才识。"冷暖阴晴，踏遍关山路，瘦马长嘶"，其自咏乎？然渠著作等身，卓有建树；方之骥足，亦不为过。"瘦马"云云，盖自谦耳。

按：此长调赏景抒情，浩然乐观。视"毁""誉"皆良师，以"吾痴""瘦马"自况，实则胸怀造化，天人合一；乐天命洞世情，练达旷远，令人共鸣之情油然而生。"私""思""嘶""差""丝"，思韵i［-ɿ］，"时""诗""驰""知""痴"，识韵i［-ɿ］（"十四韵"统称为支韵），"霏""眉"，微韵ei。全词以支韵为主，支微通押，依"九道辙"为以思识为主，"识""思""微"三韵通押的"诗"辙。

以上1—7例为齐微通押；8—13例为齐支通押；14—15例为支微通押。还有"齐""支""微"三韵通押的。如：

游戏人间紫玉池i［-ɿ］，长年襟袖墨淋漓i。老年岂意涂鸦手，又为名山一画眉ei。（林锴《峨眉写生》）

［林岫评］为名山画眉，妙想自然，落笔亦风流倜傥。

按：称自己无意当画家（涂鸦手），而为峨眉写生是"为名山画眉"，潇洒自然。此七绝首句入韵，"池"，识韵i［-ɿ］

（"十四韵"称支韵），"漓"，齐韵 i，"眉"，微韵 ei。

> 来从箫剑想英仪，太息当年国事悲 ei。六合残梅喑病马，一缄红泪湿青词 i［-ʅ］。秋风淮浦南归日，夜雪黄河北上时 i［-ʅ］。我亦飘萍文字海，四厢花影欲催诗 i［-ʅ］。（王翼奇《谒龚自珍故居》）

[蔡厚示评] 通篇意象皆自龚集脱化而来。一箫一剑、负尽狂名，宜其为国士悲焉。中两联蕴藉、沉郁，又岂只替古人伤心耶？王生才奇，游亦奇（如其名翼奇）。若令四厢花影催之，必有怒其于潮者也！

[吴战垒评] 运化定公语，一如己出。结句缆合今古，感慨苍凉，尤觉形神飞动。盖异代同心，乃不期然而然也。定公有知，亦当击节，视飞卿过陈琳墓之作，不惟无愧而已。

[田培杰评] 首联领起，中二联结合定庵之诗作及行踪而缅怀之，尾联抒自我之情，甚是得体。

按：首联对国士龚自珍的潇洒狂放赞叹不已；颔颈两联结合龚自珍的诗作人品表示缅怀悲伤和仰慕；尾联联系自己抒发感慨苍凉之情。起承转合，层次分明，运化龚自珍语自然贴切，读来令人无不惊叹诗人之才奇。此七律首句入韵"仪"，齐韵 i，"悲"，微韵 ei，"词"，思韵 i［-ʅ］，"时""诗"，识韵 i［-ʅ］（"十四韵"统称思、识两韵为支韵），全诗"支""微""齐"三韵通押。

> [前腔]：莫泄天机 i，结个死死帮儿事可为 ei。须准备，教师爷还要有军师 i［-ʅ］。看当时，那奕訢能巴结上洋人共定垂帘计 i。那袁世凯能出卖掉戊戌维新六健儿 er。抓权

势,弟兄们长享富和贵 ui。安排交椅,安排安椅 i。

[刮地风] 忽然刮地风儿起 i,刮到宫闱 ei。文书宝器一齐飞 ei。堆上丹墀 i [-ʅ],殃民利己 i,骄横无忌 i,卖国投降,罪如山积 i。桩桩皆铁证,个个尽情批 i,好个"老佛爷",算是揭了底 i。(赵朴初《故宫惊梦》)

[杨嘉仁评] 嬉笑怒骂,妙笔成趣,别开生面,有一石二鸟之妙。曲牌组合,颇具匠心。结构之转折自如,语言之庄谐并作,更其余事。较之居士脍炙人口之"某公三哭",或无多让。

按:《故宫惊梦》(套曲)——江青取经(观故宫博物院慈禧罪行展览后作)用八个套曲 [字字双] [不是路] [前腔] [前腔] [前腔] [朝天子] [刮地风] [尾声] 相套。杨嘉仁先生的点评是针对全部八个套曲而言。重大的政治事件和人物用诙谐轻松的笔法写出,真可与朴初居士当年写的"某公三哭"媲美。[前腔]"机""计""椅",齐韵 i,"为""贵",微韵 ui,"师",识韵 i [-ʅ]("十四韵"称支韵),"儿",儿韵 er("十四韵"称齐韵),齐(齐、儿)支(识)微通押,依"九道辙"为以齐韵为主,"齐""儿""识""微"四韵通押的"诗"辙。

[刮地风]"起""己""忌""积""批",齐韵 i,"闱""飞",微韵 ui、ei,"墀",识韵 i [-ʅ]("十四韵"称"支"韵),全套曲以齐韵为主,"齐""微""支"三韵通押的"诗"辙。

《当代诗词点评》有关通押并韵的"诗"辙共 56 首诗、词、曲,这里只选 18 人,19 首(阕),足以例证"诗"辙的包容性。为什么要以《当代诗词点评》来验证呢?

一是该书从数以万计的当代诗词中精选了 1116 首优秀作品,既有郭沫若、赵朴初等老一辈诗人词家的名篇,也有当代诗坛中青年诗人的佳作。国务院学位委员、陕西师范大学的霍松林教授称这部书"所选者十之八九皆佳作,可以传世。题材多样,体裁风格,百花齐放,以传统诗词形式叙今事,抒今情,时代精神颇浓,可谓一代诗史"。原广东省省长刘田夫称这本书为"新《唐诗三百首》";中华诗词学会原副会长孙轶青说它展现了当代诗词的优秀成果,读后耳目一新;辽宁诗词学会会长谈立人认为这本书"对当代诗词之发展和提高,弘扬民族文化传统,一定能发挥重大作用"[①]。笔者也把它当作当代诗词之精华,最具代表性而作为新诗韵的有力例证。

二是《当代诗词点评》中的"点评"形式活泼、篇幅短小、风格各异,或点名创作背景,或揭示弦外之音,或探一联一句之胜,或味一词一字之奇,启迪读者智慧,提高欣赏水平,笔者在"点评"后加按,谈一得之感,抒管窥之见,或表感受差异,或对点评补充,力避行文只看押韵,单调刺激,充分体现"诗言志""歌咏情",让读者在品尝诗词美味中察觉当今诗词并韵合辙以"诗"辙为最大包容的现实。

三是《当代诗词点评》无领袖伟人之作,不存在"突破"论,更宜于表现广大诗人新韵的实践。

---

① 龚依群、林从龙、田培杰主编:《当代诗词点评》,中州古籍出版社1992年版,第672页。

"九道辙"概括尽诗韵通押现象吗？

——分韵辙的建立和探讨

在现有改革新韵书中，"九道辙"通押现出包容的特征最突出，但它是否概括了所有诗韵通押现象呢？经过实践调查还有辙间韵目通押的现象：

一是"诗"辙的鱼韵字和"斗"辙的模韵字通押，也就是《中华新韵（十四韵）》（以下简称"十四韵"）的齐韵 ü 和姑韵 u 通押。如：

五律三首：

1. 黄季刚《晚坐成咏》（《黄季刚诗文钞》[①]）

空斋人语寂，独坐意何如 u？枉费三千牍，犹乘第四车 ü。文章供仆役，衣食仰诗书 u。一曲思归引，吟成恨有余 ü。

---

① 黄季刚：《黄季刚诗文钞》，湖北人民出版社 1985 年版。

2. 霍松林《月夜》(《唐音阁吟稿》①)

夭夭溪畔桃，霭霭桃音雾 u。旧花随风落，新葩灿复吐 u。明月入溪中，反照溪前树 u。树边看花人，心随流水去 ü。

3. 刘凤翔《致汪浩》(三首选一)(《溪声集》②)

顷接一缄书 u，遥劳问起居 ü。字传千里远，时盼半年馀 ü。交谊风尘重，离情语笑疏 u。难忘樱世网，识面死生初 u。

七律三首：

1. 刘凤翔《彭德怀》(《溪声集》)

屡建奇功不自居 ü，元戎风度有谁如 u。运筹帷幄从容定，立马横刀意气舒 u。许国岂辞三字狱 ü，为民曾上万言书 u。劫灰侠骨今犹在，传颂英雄满市间 ü。

2. 刘凤翔《集句元日试笔》(《溪声集》)

爆竹声中一岁除 u（宋·王安石），东风着意为吹嘘 ü（清·弘历）。可怜时节堪相忆（唐·白居易），小辞诗篇次第书 u（唐·元稹）。白发任教双鬓改（唐·牟融），身名不问十年余 ü（清·王绩）。此翁意气还如昨（清·吴伟业），

---

① 霍松林：《唐音阁吟稿》，陕西人民出版社 1989 年版。
② 刘凤翔：《溪声集》，湖北人民出版社 1994 年版。

啸志歌怀亦自如 u（唐·杜牧）。

按：此诗首句入韵，首、颈两联押鱼韵，颔、尾两联押模韵。依"十四韵"为齐（鱼）姑（模）通押。

3. 霍松林《寄山中故人》（《唐音阁吟稿》）

路难何况出无车 ü，且袖乾坤入敞庐 u。翁膊当空吞日月，蜗涎着地篆虫鱼 ü。微躯岂系千秋史？壮志犹消一卷书 u。渺渺予怀寄天末，归耕何日偶长沮 ü？

五绝一首：霍松林《飞泉》（《南泉六咏》之六）（《唐音阁吟稿》）

匹练破空下，夜来新雨足 u。珍重在山意，溪流深几曲 ü！

七绝四首：

1. 霍松林《拟游仙诗》（十首选一）（《唐音阁吟稿》）

读遍瑶函万卷余 ü，绮思丽藻入元虚 ü。织成云锦三千匹，待写人间未见书 u。

2. 方辉盛《贵州黄果树瀑布》（《琴园诗汇》[①]）

叱咤声闻山岭外，沫涎喷薄洒玑珠 u。烟云伏地虬龙老，

[①] 朱祖延、刘先枚：《琴园诗汇》，湖北人民出版社 1990 年版。

雪染苍茫万缕须 ü。

3. 朱源滔《山峡揽胜》（五首选一）（《琴园诗汇》）

西陵峡谷出平湖 u，巨坝功成惊物殊 u。不见危滩流浪涌，千帆竞发任驰驱 ü。

4. 李曙初《坦途》（《当代诗词点评》①）

谁说人间好路无 u？春风引我任驰驱 ü。白杨夹道三千里，车到中州尽坦途 u。

以上律绝 u、ü 通押，"十八韵"称模鱼通押，"十四韵"称齐（鱼）姑（模）通押，"九道辙"称"诗斗"分韵辙。

古诗、乐府、词，鱼模通押现象更多，如：
1. 饶蔼林《黄山凿石人》（《琴园诗汇》）

叮叮之声来何许 ü？越岭翻山撼空谷 u。攀高跻险入云雾 u，天都峰脚风如虎 u。工人凿石啃石骨 u，一錾一凿石花吐 u。积月经年筋力苦 u，自言世代传父祖 u。凿就石方用何处 u，一条一磴作山路 u。千斤上肩号邪许 ü，渡仙桥上路如螾 u。艰难迫促不能住 u，冷汗淋漓心胆怵 u。我今睹之神惨楚 u，谁曰深山是乐土 u？山白巍巍石无数 u，血肉难与石终古 u。何时隆隆见机轴 u？指挥顽石随仰俯 u。铺成天梯达天府 u，

---

① 龚依群、林从龙、田培杰主编：《当代诗词点评》，中州古籍出版社 1992 年版。

采石歌声摇帝户 u。

七言古诗 22 句，句句押韵，"许"为鱼韵，余皆模韵，全诗以模韵（"十四韵"称姑韵）为主，模（姑）鱼（齐）通押。

2. 贾修龄《卖盐女》（《琴园诗汇》）

卖盐女 ü，卖盐不避风和雨 ü。破衣旧裙颜色枯，负重求价肝肠苦 u。女今年几何？破瓜逾十五 u。早从漏盐处，将钱付盐贾 u。携出一篮盐卅包，盐未售罄日已午 u。贱价虽易尽，归恐公婆怒 u。手脱肚饿不得息，悄立还自将盐数 u。吁嗟乎，童养媳，死犹愈 ü。

这首乐府诗"女""雨""愈"为鱼韵，其余皆模韵，u、ü 通押。

3. 毛泽东《贺新郎·别友》（《毛泽东诗词全集详注》①）

挥手从兹去 ü。更那堪凄然相向，苦情重诉 u。眼角眉梢都似恨，热泪欲零还住 u。知误会前番书语 ü。过眼滔滔云共雾，算人间知己吾和汝 u。人有病，天知否 ou？今朝霜重东门路 u，照横塘半天残月，凄清如许 ü。汽笛一声肠已断，从此天涯孤旅 ü。凭割断愁丝恨缕 ü。要似昆仑崩绝壁，又恰象台风扫寰宇 ü。重比翼，和云翥 u。

这首词"语""许""旅""缕""宇"为鱼韵 ü，"否"为侯

---

① 吕祖荫编：《毛泽东诗词全集详注》，北京同心出版社 1998 年版。

韵 ou。"诉""住""汝""纛"为模韵，ü、u、ou 通押。

4. 田忠杰《昼夜乐·欢庆第一个教师节》（《琴园诗汇》）

教师比作燃红烛 u，我道是春天雨 ü。随风润物无声，化作芳香泥土 u。勃勃生机平野阔，尽满目琪花玉树 u。装点此江山，长与春同住 u。霸王辍学常穷武，终刎身乌江渡 u。兴邦首要文明，教育岂能窘步 u。谁笑书生无大用，岂不闻魏微遭妒 u。师道合宜扬，四化人才举 ü。

"雨""举"鱼韵，余皆模韵，u、ü 通押。

5. 江泽中《忆江南·江陵八景选一·三湖钓雪》（《琴园诗汇》）

荆沙美，冬岭逊三湖 u。纵目银装千里雪，一蓑独钓自清娱 ü。逸兴且倾觚 u。

"湖""觚"模韵 u，"娱"鱼韵，uü 通押。

6. 李元金《贺新郎·华山月出》（《琴园诗汇》）

秋肃华山路 u，信难行危崖险坻，望云疑雨 ü。千尺幢连百尺峡，胆怯欲临还住 u。真汉子擒龙追兔 u。跃上东山观日出，长精神，情满朝阳树 u。光万丈，雾开处 u。　当年作剧南冠度，劫余生尚自昂藏，不须回顾 u。今日登临诚快意，休羡南山暴雾 u。盛世事还须奋起，着意栽培桃与李，论功名不计羞攀附 u。言未尽，丝千缕 ü。

"缕"为"鱼"的 ü，其余韵脚字皆模韵 u，模鱼通押。

词曲中还有"齐""模"通押，"齐""模""鱼""侯""模""鱼发"三韵通押的。如：

7. 毛泽东《渔家傲·反第二次大"围剿"》(《毛泽东诗词全集详注》①)

白云山头云欲立，白云山下呼声急 i，枯木朽株齐努力 i。枪林逼，飞将军自重霄入 u。　七百里驱十五日，赣水苍茫闽山碧 i，横扫千军如卷席 i。有人泣，为营步步嗟何及 i！

这首词"入"为模韵 u，余皆齐韵 i。

8. 叶剑英《长江大桥》(《远望集》②)

龟蛇对峙，千年浊浪排空起 i。折戟沉沙，英雄淘尽，都无觅处 u。天公叹服，地上神仙，长桥飞架，南北东西无阻 u。遥想银河，斜窥牛女，端的乍惊还妒 u。

江心独立，看巫峡巫山，头吴尾楚，任我从容指顾 u。流水不关情，让它滚滚东去 ü。

这首词"起"为齐韵 i，"去"为鱼韵 ü ["十四韵"称齐韵(ü)]，"处""阻""妒"为模韵 u ("十四韵"称姑韵)，全词为齐 i、鱼 ü、模 u 三韵通押，十四韵为"齐"(i、ü)、"姑"(u) 通押的《诗斗》分韵辙。

---

① 吕祖荫编：《毛泽东诗词全集详注》，北京同心出版社 1998 年版。
② 叶剑英：《远望集》，人民文学出版社 1979 年版。

9. 刘凤翔《清平乐·蒲圻楹联学会成立》(《溪声集》)

吟边慨古（宋·张炎），赤壁临江渚 u（清·于成龙）。千载土人谈往事（明·尹耕），依旧大江东去 ü（清·陈微崧）。 楚天千里清秋（宋·辛弃疾），登山临水迟留 iu（宋·张仙）。且乐唐虞景化（宋·柳永），清吟况值诗流 iu（宋·王之道）

这首集句词"渚"为模韵 u（"十四韵"称姑韵），"去"为鱼韵 ü（"十四韵"称齐韵），"留""流"为侯韵 iu（"十四韵"称尤韵），全词为模 u、鱼 ü、侯 iu 三韵通押的"诗斗"分韵辙。依"十四韵"为姑齐尤三韵通押的"诗斗"分韵辙。因为鱼韵为"诗"辙，模、侯（"十四韵"称"姑尤"）为"斗"辙，鱼韵和模侯通押（"十四韵"称齐韵与姑尤通押）就是"诗斗"分韵辙。

"诗斗"分韵辙是高元白先生在《新诗韵十道辙儿》中的命名，原来黎锦熙、白涤洲撰《中华新韵（十八韵部）》时，有"模通鱼""鱼通模"之说，在黎氏十一道辙里更把 ï（支），er（儿），ü（鱼），ei、uei（微），i（齐），u（模）归为一道辙。《诗韵新编》附录的"通押后的十八韵与十三辙对照表"中明显注出"模"（通鱼）、"鱼"（通模）。在"十三辙"里"姑苏"辙即模韵、"衣欺"辙对鱼韵，是分开的。上溯到《中原音韵》，就是一个"鱼模"韵。由此看来今天的"诗斗"分韵辙在元曲的曲韵里本来就是一个韵部。ü、u 同韵。再溯求到金王文郁制定的"平水韵"，在平声"六鱼""七虞"，上声"六语""七麌"，去声"六御""七遇"，入声"一屋""二沃""四质"

"五物""六月"所辖韵字中,既有今"十八韵"的鱼韵字,又有今"十八韵"的模韵字。也就是说,在旧诗韵(《佩文诗韵》)的11个韵部中,各部里大都辖有今鱼韵字和模韵字,通押是有历史渊源的,鱼模通押是历史遗迹。

从发音原理考虑,鱼韵 ü 和模韵 u 都是最高圆唇元音,差别在于 ü 为最高圆唇前元音,u 为最高圆唇后元音。如果口形不变,成阻的舌位高低不变,仅仅成阻的舌位前后移动,就会发出 ü、u 之音,可见鱼韵 ü 和模韵 u 是很接近的,ü 和 u 可以成为一道分韵辙儿。

"十四韵"把鱼韵 ü 并作"齐"韵,齐韵是"诗"辙,模侯是"斗"辙,因此,"齐""模""侯"通押,仍然是"诗斗"分韵辙。

在调查诗词押韵实践中,发现鱼模相押比模侯相押还要普遍,黎先生把鱼模归为一道辙是合理的,为什么高先生把模侯相押称作"斗"辙,把鱼模通押叫作"诗斗"分韵辙,而不把模侯统统叫作"诗"辙呢?是高先生在并韵合辙中对此欠考虑吗?否。

通观高先生《汉语新诗韵十道辙儿同韵常用字简表》[①] 知,"诗"辙辖音节 50 个,收常用字 696 个。其中"鱼"韵字音节 6 个,收常用字 102 个,而"斗"辙辖音节 43 个,收常用字 478 个。其中"模"韵字辖音节 19 个,收常用字 292 个。很明显,"鱼"韵字因音节和常用字都太少,多用于通押,独设一辙没有必要。如将它归在"斗"辙呢?它与"诗"辙的"齐"韵 i,微韵 ei、uei,支韵 ʅ(实为思韵 i [-ɿ] 和识韵 i [-ʅ]),儿韵 er

---

① 高元白:《新诗韵十道辙儿》,陕西人民出版社 1984 年版,第 48—88 页。

又常通押。只有归在"诗"辙比较切合实际。那么能不能将"模"韵也归入"诗"辙呢？黎先生不就是这样归辙的吗？黎先生把"模""鱼""儿""齐""支"五韵归入第四辙，高先生为什么又把"模"分出去而与"侯"韵归并为一个"斗"辙呢？因为"诗"辙原有50个音节，696个常用韵字，已是"十道辙"中最大的一道辙了。若再并入"模"韵，则为69个音节，988个常用字，那就太庞大，和其他辙的音节、常用字太不协调了。只有将"模""侯"通押并为一个"斗"辙，"模""鱼"通押称作"诗斗"分韵辙才能解决这个矛盾。这里，不能不顾及音典编排的需要，因为《十道辙儿同韵常用字表》是供韵文工作者押韵查检方便而设的。

二是"诗"辙的"微"韵 ei、uei 字与"来"辙开韵字 ai、uai 通押，先看例证：

七律五首：

1. 毛泽东《和郭沫若同志》(《毛泽东诗词全集详注》)

一从大地起风雷 ei，便有精生白骨堆 ui。僧是愚氓犹可训，妖为鬼蜮必成灾 ai。金猴奋起千钧棒，玉宇澄清万里埃 ai。今日欢呼孙大圣，只缘妖雾又重来 ai。

2. 朱大勋《新春杂咏》(《琴园诗汇》)

四害已灭，万家称庆，劫后第一春赋此志感

九天淑气扫层霾 ai，万里澄清玉宇开 ai。肆虐残冬随劫去，怯寒衰柳镀金来 ai。雏莺涩舌娇宜耳，紫燕衔泥巧近隈 ei。更喜门前乌雀噪，确知大地已春回 ui。

韵入词"霾"和"开""来"为"来"辙"开"韵 ai，"隈""回"为"诗"辙微韵 ei，全诗为"微""开"通押的"诗来"分韵辙。

3. 魏星桥《观都江堰》（《江汉诗词选粹》）

岷江自古汛为灾 ai，千里萧疏啼泣哀 ai。幸有二王操鬼斧，且凭百姓驭龙魁 ui。离堆春水桑置野，天府秋收酒满杯 ei。更喜畴人今胜昔，共和国运再端开 ai。

"魁""杯"为微韵 ui、ei，余皆开韵 ai，"微""开"通押。

4. 霍松林《解放次日自南温泉至重庆市》（《唐音阁吟稿》）

休向胡僧问劫灰 ui，江山再造我重来 ai。一轮旭日烧空赤，万里沉阴彻地开 ai。腰鼓声声催腊尽，秧歌队队报春回 ui。蹉跎忍负莳花手，艳李秾桃着意栽 ai。

这首七律韵入词，"灰""回"微韵 ui，余皆开韵 ai。

5. 刘凤翔《南京纪游》（十首选一）

车到中华门外来 ai，抠衣步上雨花台 ai。巍巍钟阜千松合，滚滚长江一线开 ai。凭眺主峰飞逸兴，缅怀先烈久低徊 ai。好奇自笑童心在，犹带山旁彩石回 ui。

"回"为"诗"辙微词 ui，余皆"来"微开均 ai，是微开通押的"诗来"分韵辙。

七绝四首：

1. 霍松林《大港晚眺》(《唐音阁吟稿》)

  万片银帆队队排 ai，晚霞倒影泛琼瑰 ui。船船铺得鱼儿满，高唱渔歌入港来 ai。

2. 徐晓春《咏梅》(《江汉诗词选粹》)

  万花纷榭一花开 ai，绿蕾红云伴雪来 ai。不与众芳争艳丽，只施高洁报春回 ui。

3. 鲁迅《无题》(《中国现代文学名篇选读》[①])

  万家墨面没蒿莱 ai，敢有歌吟动地哀 ai。心事浩茫连广宇，于无声处听惊雷 ei。

4. 刘凤翔《武昌公园观昙花》(《溪声集》)

  报道昙花今夕开 ai，为看奇艳入园来 ai。盆中欲赏香和色，一现难逢半夜回 ui。

以上四首七绝，都有一个韵脚字为微韵，余皆开韵也属"微""开"通押的"诗斗"分韵辙。

五律二首：

[①] 夏传才主编：《中国现代文学名篇选读》，南开大学出版社 2009 年版。

1. 霍松林《悼念周恩来总理》（二首之二）（《唐音阁吟稿》）

　　心血都抛尽，遗言撒骨灰 ui。人间挥泪雨，天际响惊雷 ei。大海消冰窟，高山化雪堆 ui。阳和回禹甸，会见百花开 ai。

"开"为"来"辙开韵，余皆做为可和"诗来"分韵辙。
2. 黄侃《八月八日偕孙、曾三生由法源寺至崇效寺求观红杏青松卷子不得。遂出广安门，至天宁寺坐塔下，良久始归》（四首选一）（《黄季刚诗文钞》）

　　丰碑瓴甋畔，披诵识由来 ai。紫磨浮屠像，琉璃舍利杯 ei。近夸资福寺，远睨妙高台 ai。一睹千秋去，孤云自往回 ui。

"回"为"诗"辙韵，全皆来韵，也叫"诗来"分韵辙。
词中还有"识""思""微""开"通押的现象如：
刘凤翔集句《忆江南·送春》（《溪声集》）

　　春去也（唐·刘禹锡），彩霞映江飞（唐·张均）ei。更欲登临穷胜景（明·薛瑄），缓寻芳草得归迟（宋·王安石）[-ʅ]，山爱夕阳时（唐·钱起）[-ʅ]。身健在（宋·黄庭坚），鬓发已如丝（清·方拱乾）[-ʅ]。不独送春兼送老（唐·白居易），欲将诗句辞余辉（宋·苏轼）ui, 倚杖更徘徊（唐·杜甫）uai。

"徊"为"来"辙开韵 ai，"飞"为"诗"辙微韵 ei，"迟""诗"为"诗"辙识韵 [-ʅ]；"丝"为"诗"辙思韵 [-ʅ]，

"开""微""识""思"通押，更属"诗来"分韵辙。

在北京音系中，微韵 ei、uei 和开韵 ai、uai 是泾渭分明，不易混同的，微开相混在普通话中不会出现，所以"十八韵"中的"八微""九开"，"十四韵"中的"四开""五微"虽然邻近，却没有通押。在"十三辙"中的"五灰堆""六怀来"也是邻近而未并辙。再上溯到《中原音韵》十九部"齐微四"和"皆来六"，也是分而未合，近而未通。这就是说在北音系的韵书中，微韵和开韵是不通押的。

可是，上溯到旧诗韵——《佩文诗韵》中却能找到通押的例证。在《诗韵新编》"附录"《佩文诗韵》的上平"十灰"部中，共收常用字 111 个，现代能用的活字韵母收 ei 者 39 字，即"灰""恢""回""魁""隈""梅""媒""煤""瑰""雷""枚""罍""隤""催""摧""堆""陪""杯""嵬""醅""推""鬼""裴""培""胚""傀""鎚""桅""煨""麋""嵬""陔""茴""酶""偎""薇""崔""诙""碓"，收 ai 者 36 字，如"槐""徊""开""哀""块""台""苔""该""才""材""财""裁""来""莱""柴""栽""哉""灾""崃""猜""胎""台""颏""邰""皑""唉""哈""咳""抬""獃""垓""鳃""鲐""埃""郲""佁"。这虽是局部，但不可否认这 39 个微韵字和 36 个开韵字在"平水韵"的上平"十灰"中是同一个韵部。

再上溯到"广韵"韵目，从比较得知，仅"灰"部的字一部分归"齐微"，另一部分归"皆来"，而与"齐微"相对的"齐""祭""废""微""之"五部和与"皆来"相对的"咍""佳""皆""泰""夬"五部是完全不同的韵目。而在"广韵"独用同用四声表中"灰""咍"是同用的。当然为一个韵。

从旧诗韵上溯到"广韵"。韵部最早是分立的，到"平水韵"时才又合起来，而从具体韵字的归并来看，今天的微韵字和开韵字在上古同部的现象相当普遍。调查前中国音韵学会会长唐作藩先生编著的《上古音手册》，今微韵字在上古分属十部，具体分布辖字多少为："微"134、"物"60、"月"33、"之"32、"歌"27、"脂"24、"支"17、"职"10、"幽"8、"元"1；今开韵字在上古分属十一部："之"76、"月"37、"微"15、"支"10、"锡"8、"职"7、"铎"6、"歌"1、"脂"1、"药"1。除了"锡""铎""药"只辖今微韵字外，其余"月""之""脂""物""歌""支""微""职"八个韵部都是既辖今微韵字，又辖今开韵字。只是各部辖两韵字的数目多少不同罢了。

这就是说，开、微两韵字通押散见于上古八个韵部。韵字通押现象是有历史渊源的。

从方音角度分析：诗人用韵受方音影响，如"柏""百"普通话读 bǎi（214度），"白"普通话读 bái，"翟"普通话读 zhái，而在陕西关中一些地区读 bèi 柏、百（52度），béi 白（24度），zéi 贼（24度），作者自以为"北""背"同韵，实际上造成"开"韵与"微"韵通押了。湖南人读"界"jiè 为 gài（盖），所以用方音处理押韵问题也就容易在开韵 ai 字中夹进"界""介"等皆韵字了。陕西关中一些地方把"鞋"说成了"孩"，把皆韵 ie 混读为开韵 ai，这就造成皆韵字"界""介""鞋"和开韵字"gai""hai"同韵了。由于我们不能一一地去询问和探究作者是何地方言区，是否用当地方言处理押韵问题，故从宽模糊一点把它们统统纳入通押的范围之内。

从发音原理分析，开韵 ai 与微韵 ei 都是复合元音，韵尾都为

i，差别只在韵腹，发 a 时口腔大张，舌位低下，叫前低元音，发 e［ə］音时，口腔自然张开，不大不小，舌位不高不低不前不后，叫中元音。a 与 e 的音色虽不如 e 与 i 近，但也算相对接近的，由于尾音 i 相同，受尾音 i 的影响，强化了 i，则 ei 易读为 i。如陕西关中一些地区读"卑"bēi 为必 bì（31 度），把"卑鄙"bēibǐ 读成"必匹"bìpǐ；把"一百"yībǎi 念成"一悲"yībēi；把"柏树"bǎishù 读成 běisù 或 běifù。这都是方音变读的原因。从音转学原理讲，古代有"旁转"之说，即韵尾相同，韵腹相邻而又互相转化的读音叫旁转，ai 与 ei 的通押，正是这种旁转现象发生的表现。

高先生将"微"韵统摄进"诗"辙，将"开"韵更名为"来"辙，微开通押，依据高元白先生的理论完全可以开辟出一个"诗来"分韵辙。这也算笔者学习《新诗韵十道辙儿》的一点心得。

三是《诗乐》分韵辙的探讨。

古诗、排律、乐府和一些词曲中，有"诗"辙中的支 ï、儿 er、鱼 ü、微 ei、uei、齐 i（由于"鱼""模"通押故"模"也在内）与"乐"辙中的波、歌、皆任何一韵通押，该怎么称呼？叫"诗乐"分韵辙吧，先看例证：

1. 赵朴初大师的五言排律——《陈毅同志逝世五周年献词》（《文汇报》1977 年 1 月 16 日）

忆昔绕灵床，挽歌以为别 ie。痛哭为斯民，失此天下杰 ie。云屯八宝山，萧萧悲风烈 ie。尧日亲照临，吊者哀且悦 üe。孰知鼠狗辈，嫉忌转悲切 ie。哲人已云徂，射工犹不歇 ie。惟谋大欲偿，那顾群愤激 i。彼愈肆谤伤，众益怀功德 e。

撼树笑蚍蜉，心劳日益拙 uo。一朝迅雷震，弹指妖氛灭 ie。
玉宇喜澄清，神州看飞跃 üe。仰钦华岳尊，克绍天人业 ie。
遗志酬导师，周行遵马列① ie。今朝来祭告，恍若沧桑隔 e。
冰雪压奇馨，喷薄赖一揭 ie。名字与诗篇，报章光辉烨 ie。
正气振古今，丹心昭日月 üe。因念张夫人②，遗编耗心血 ie。
危难励忠贞，死生轻契阔③ uo。并此献衷诚，积哀涕一雪 üe。
风仪感平生，音容如可接 ie。

这首五言排律依旧诗韵押的是入声韵，可查《诗韵新编》中"十八韵"里入声韵字的说明。赵朴初是诗词大家，对入声韵当然熟悉。能不能用现代改革新韵"九道辙"去衡量呢？能。"别""杰""烈""悦""切""歇""灭""跃""业""列""揭""烨""月""血""雪""接"16个韵脚字都是皆韵 ie、üe，"德""隔"为歌韵 e，"拙""阔"为波韵 uo，"激"为齐韵 i。全诗是以皆韵为主，"皆""歌""波""齐"通押的"诗乐"分韵辙儿，因为皆、波、歌通押为"乐"辙，齐为"诗"辙，齐、皆、歌、波通押，当然是"诗乐"分韵辙。

2. 七言乐府卫衍翔《诗中恋·记老诗人鲁藜和刘颖西的传奇婚恋》（六段选一）（《江汉诗词选粹》）

鲁藜经过长期劳改，于1963年被释放，到天津拖拉机厂劳动。但"文化大革命"开始后，又送进军粮城农场劳改。刘颖西长期与鲁藜失去联系，但她的心中始终只装着鲁藜。

---

① 周行，意为最好最正确的道路。《诗经·小雅》："示我周行"，"行"音"杭"。
② 指陈毅同志之夫人张茜同志，亦患癌症于1967年逝世。病中搜集整理陈总诗词编成诗集。
③ 《诗经》："死生契阔。""契阔"依注作"勤苦"解。

政治烽烟久不歇 ie，人间真情变灰色 e。劳改营中夜茫茫，一盏孤灯风萧瑟 e。灯照鲁藜形影单，心底荒芜一片白 o。铁窗爱想儿和女，女儿可知父冷热 e？年年积下劳改费，寄给女儿尽父责 e。大海沉埋骨肉情，情断天涯沧海北 ei。噩梦未醒还噩梦，梦梦相逢疑路塞 e。多少芳心碾作尘，唯有颖西香浓烈 ie。

这段七言乐府诗的韵脚字，"血""烈"为皆韵 ei，"北"为微韵 ei，"白"为波韵 o（入声阳平、口语音为 bái），"色""瑟""热""责""塞"为歌韵 e。"微"ui 为"诗"辙，歌、皆、波通押为"乐"辙，微歌皆波通押，当然是"诗乐"分韵辙。若视"北"为波韵 o 入声去，则全诗为以歌韵为主，歌皆波通押的"乐"辙，因为《诗韵新编》"八微"仄声、上声"北"［běi］语音（见波韵入声去）与该书"二波"，"北"［bó］微韵上声同，看来此诗以全押入声韵为宜。

3. 吕鸿《盼祖国早统一——遥寄同窗蒋纬国先生》（《炎黄春秋》1993 年第 4 期）

隔峡遥望情依依 i，燕语相对泪凄凄 i。本是炎黄同根生，缘何骨肉两分离 i。千秋功过任评议，恩仇一抛更亲切 ie。主义犹可存异同，"一国两制"俱相宜 i。港澳回归已在望，台陆同胞盼统一 i。中兴中华话题新，国共合作今胜昔 i。

盼祖国早统一，是海峡两岸炎黄子孙的共同愿望，诗人在给蒋纬国的信中呼出了这个共同心声。这首七言古诗仅"切"为皆韵 ie"乐"辙，余皆齐韵 i。属皆齐通押的"诗乐"分韵辙。

词六阕：

1. 毛泽东《贺新郎·读史》(《毛泽东诗词全集评注》)

　　人猿相揖别 ie，只几个石头磨过，小儿时节 ie。铜铁炉中翻火焰，为问何时猜得 e。不过（是）几千寒热 e。人世难逢开口笑，上疆场彼此弯弓月 üe。流遍了，郊原血 ie。

　　一篇读罢头飞雪 üe，但记得斑斑点点，几行陈迹 i。五帝三皇神圣事，骗了无涯过客 e。有多少风流人物 u？盗跖庄屩流誉后，更陈王奋起挥黄钺 üe，歌未竟，东方白 o。

这首词的韵脚字"别""节""月""血""雪""钺"为皆韵 ie、üe，"得""热""客"为歌韵 e，"迹"为齐韵 i，"白"为波韵 o（入声阳平），"物"为模韵 u（十四韵称姑韵），由于"模""鱼"常通押，按黎氏"十一道辙"名归为一辙，因为 ï（支）、er（儿）、ü（鱼）、ei（微）都通 i（齐），ü（鱼）可通 u（模）。从作诗用韵看，把 u（模）和 ü（鱼）一起都归在"诗"辙，那才符合黎先生的原意和作诗用韵的实践。高氏"十道辙儿"却把模与侯韵并为"斗"辙，这是照顾了音典归字的需要，对模鱼通押只好又开"诗斗"分韵辙。这里从用韵实践看，权且把模鱼都看作"诗"辙，而皆歌波通押为"乐"辙，于是模齐皆歌波通押就是"诗乐"分韵辙了。

2. 戴国家《满江红·向英雄周玉娟、刘燕学习》(《江汉诗词选粹》)

　　娟秀兰芳，遭劫难，青春壮烈 ie。刀刺割，挺身搏斗，钢筋铁骨 u。抗暴舍身扬正义，为公殉职人中杰 ie。哭巾帼，事迹动人寰，天地咽 ie。　金玉碎，光不灭 ie。云燕去，存高节 ie。论人生价值，现身传说 uo。奉献精神为大众，雄英气概擒妖孽 ie。齐学习、除害树新风，山河洁 ie。

这首词"烈""杰""咽""灭""节""孽""洁"为皆韵 ie，"说"为波韵 uo，"骨"为模韵，皆波为"乐"辙，模归"诗"辙，模皆波通押也就是"诗乐"分韵辙。

3. 王迪网《念奴娇·和郭士平女士题重修黄鹤楼词》（《琴园诗汇》）

老残霞落 uo，算独步齐鲁滇黔灵迹 i。闻道补天要妙手，却画寒江钓雪 üe。月冷诗魂，梅痴玉笛，如慕青衫白 o。琴台回首，千古知音难得 e。　曾忆奥略楼头，抱冰堂畔，尽信书无策 e。一架金桥云鹤聚，杰阁红旗昭烈 ie。秦树芳洲，渚宫春馆，九派心潮热 e。三都赋就，太冲遥与今夕 i。

这首词"落""白"为波韵 uo、o，"迹""夕"为齐韵 i，"雪""烈"为皆韵 üe、ie，"得""策""热"为歌韵。全词为歌波皆齐通押的"诗乐"分韵辙。

4. 刘先枚《满江红·中秋夜放歌》（《琴园诗汇》）

徒倚层楼，怅极目秋云四塞 e。"镜磨空靓光何许"[注]，乱山如墨 o。熙限天愁冥不语，"姮娥觍面羞颜色"e，待更深零雨入凄清，虫唧唧 i。　身何在，投荒域 ü；家何在，陷残贼 ei。况苞桑莫繁，衣冠上国 uo。南渡岂真成大错，道谋

"九道辙"概括尽诗韵通押现象吗？　191

毕竟输群力 i。更何堪涕泪洒新亭，徒恻恻 e。①

这首词"塞""色""恻"为歌韵 e，"墨""国"为波韵 o、uo，"唧""力"为齐韵 i，"域"为鱼韵 ü，"贼"为微韵 ei，又歌韵入声阳平，可列为歌韵。"齐""鱼"通押为"诗"辙，"歌""波"通押为"乐"辙，歌波齐鱼微通押为"诗乐"分韵辙。

5. 杨潜斋《百字令》（《琴园诗汇》）

销忧何事 i［-ɿ］，登高楼四望，寒秋萧瑟 e。且喜夕阳无限好，朵朵红霞似织 i［-ɿ］。短笛随风，疏钟阁水，莽莽乾坤黑 ei。星天火地，大江难限南北 o。　还又脆叶清啼 i，暗跫细诉，结伴共吟席 i。素女青娥齐助兴，万里九宵一色 e。雾湿银屏，光欺玉烛，我欲凌空碧 i。雝雝鸣雁，芦花飞浪飘白 o。

这首词"瑟""色"为歌韵 e，"北""白"为波韵 o（入声去，入声阳平），"啼""席""碧"为齐韵 i，"事""织"为识韵 i［-ɿ］，"黑"（hei，语音，见歌韵入声去）亦应为歌韵 e，波歌通押为"乐"辙，识齐通押为"诗"辙，歌、波、识、齐通押为"诗乐"分韵辙。

6. 霍松林《念奴娇·庚申初冬游赤壁，次东坡韵》（《唐音阁吟稿》）

九泉恨屈，问蛰龙知否，人间奇物 u？贝锦居然织诗案，

---

① 引号内均为贾修龄先生句。

谁破乌台铁壁 i。远斥黄州，两游赤鼻，笔底奔涛雪 üe。天狼未射，鏖兵空羡英杰 ie。　　吾辈劫后登临，浪平江阔 uo，万橹争先发 a。磨蝎休嗟曾照命，正道沧桑难灭 ie。废苑花开，荒郊楼起，衰鬓换青发 a。好天良夜，浩歌无负风月 üe。

这首词"物"为模韵 u，模鱼通押依黎氏"十一辙"可归为"诗"辙，"壁"为齐韵 i，是"诗"辙，"雪""月""杰""灭"为皆韵 üe、ie，属"乐"辙，"发"为麻韵 a，但属旧读入声字，不能延长读音，就与波韵接近，放宽模糊一点即与波韵 o 通，那就和皆韵字同归"乐"辙。于是全词押"诗乐"分韵辙。

需要说明的是，皆韵字 ie、üe 旧读多为入声韵。因此跟它相押的波韵字、歌韵字也多为入声。这样，"乐"辙中多有旧入声字。与"乐"辙相押的齐韵 i，识韵 i〔-ɿ〕，麻韵 a，也多为入声。齐韵识韵归"诗"辙，麻韵入声与入声波韵 o 相近，归入"乐"辙，"模"韵 u 与鱼韵 ü 通押，在用韵上可归入"诗"辙，于是就有"诗乐"分韵辙的出现。由于"诗乐"分韵辙在律诗绝句中未出现，故用"探讨"一词，而不用"成立"一词。

通晓旧诗韵、熟悉入声韵的有些诗人讥笑用新诗韵衡量今人写旧诗词是不懂常识，笔者以为大可不必这样。查《中华新韵（十八韵部）》，皆韵字中，非入声韵字仅 75 个，而旧读入声字 213 个，几乎是非入声字的三倍；齐韵字中，非入声字 504 个（阴平 108，阳平 145，上声 82，去声 169）；旧读入声字 273 个，接近非入声字的 2/3。换句话说，在《中华新韵》18 韵部里，皆韵字共 288 个，旧读入声的 213 个，约占 3/4；齐韵字共 740 个，旧读入声的273个，占1/3。可是，在现代汉语普通话中，入声明明消失，为什么却要抱着入声不放，要求多数不知入声的人去用入声吟诗填词呢？这不是削足适履吗？今人写诗填词不再考虑入声与否，却还要用入声韵去衡量今人写的旧诗词，这不又是刻舟求剑吗？

"诗乐"分韵辙中，"波""歌""麻""齐""皆"通押的入声字在上古也有渊源，兹将上古十六个韵部分属今"波""歌""皆""齐""麻"韵字数目的调查（依唐作藩《上古音手册》）列表如下：

现代韵部 \ 上古韵部入声字数	月	铎	歌	鱼	笃	职	屋	物	之	钩	叶	负	辑	支	脂	觉
波	31	78	70	5	26	8	20	9	2	3	0	0	0	0	0	0
歌	13	25	45	9	3	33	1	2	1	17	11	1	12	0	0	0
皆	95	18	3	13	5	3	4	3	1	0	31	33	0	13	7	2
齐	38	31	62	0	13	35	1	19	89	85	0	35	38	93	116	6
麻	23	2	0	0	0	0	0	2	0	0	22	2	16	0	0	0

"诗乐"分韵辙所辖"波""歌""皆""齐""麻"韵在上古通押的现象见表就一清二楚，不需文字说明了。

从发音原理分析，齐韵 i 和皆韵 ê 都是舌尖前元音，差别仅在发 i 音时舌位最高，发 ê 音时舌位次高罢了，两个元音是很邻近的，皆韵并入"乐"辙，齐韵已归"诗"辙，以它们为核心组成的通押韵辙就叫作"诗乐"分韵辙儿。麻韵 a 为前低元音，口腔大张，舌位最低，本不能与波韵 o 通押，由于是入声不能延长，舌位不能最低，口腔不能张大到极点，故与圆唇央元音 o（波）接近，从用韵角度考虑，宽容一点可与 o 通押，可归入"乐"

辙，所以"麻""波""歌""皆""齐"通押称之为"诗乐"分韵辙。

"诗乐"分韵辙儿不在律诗绝句中出现，因为律绝皆押平声韵。"乐"辙儿和"诗乐"分韵辙大多为入声，入声归仄声，故律诗绝句不用它。古诗、乐府、词押韵从宽，可以换韵，所以"乐"辙和"诗乐"分韵辙，只能是对旧读入声韵的现代新韵的对应称呼，是由旧诗韵向新诗韵过渡的产物，普通话已无入声，以普通话为标准的新诗韵也就没有入声韵，学习写诗的人，尤其是要写格律诗，完全可以不顾"诗乐"分韵辙的存在。

通押有度，不可滥，更不可乱。不是所有邻近之韵都可通押，首先，要看诗词用韵是否多用此法，若仅一人或少数人，一地域个别方言区用此通押不能算数；其次，要在韵书史上找到先例，无先例也不算数；最后，要在语音学或音韵学上有理可据，从发音部位、方法讲出令人信服的道理才可以。以上分韵辙的建立和探讨都符合这几个条件。公路拓宽也有一定尺寸，否则就与修广场没有区别了。

今人写诗和学习写诗无妨从严要求自己，尽力和普通话相对应，不在万不得已情况下，不用通押，不搞分韵辙；制定音典的人既要析韵审音从严，又要面向群众用韵朝求宽倾斜；作诗用韵之人既有宽松的习惯倾向，又要克制自己，约束自己，尽力按普通话标准衡量。对立双方各向对方让步靠拢，达到统一和谐就好。

比较改革新韵书　回眸诗韵演进史

——"九道辙"和《中华新韵》等新韵的比较

2011年中华书局出版的《中华新韵（十四韵）》（下简称"十四韵"）推行全国至今已6年了，若从中华诗词学会颁布的2005年算起也有11年整了。究竟合乎不合乎群众的要求与诗韵改革的力度，要由群众来评判，真理只有在实践中才能得到检验，真理也只有在实践中才能得到确立。有比较才能鉴别。笔者将这部新韵书和笔者2005年由中国文化出版社出版的《九道辙》，以及"十三辙"《中华新韵（十八韵部）》、《诗韵新编》《新诗韵十道辙儿》等改革后的新韵书列表作了对照（见文末附）。本文重点比较"十四韵"和"九道辙"，顺便追溯一下诗韵发展与现代改革新韵书的情况。

笔者曾撰文《论诗韵及其改革》[①]，文末得出结论说："把专

[①]《论诗韵及其改革》一文1999年4月寄甘肃省金昌市党校《祁连学刊》（因为此前登过《诗韵的延伸与变革》）。半年多无消息，便投稿给宝鸡文理学院《西部论坛》，结果2000年3月，《西部论坛》第二期刊用了；4月又接到改名的《祁连论丛》，知此文已在2000年第1期被刊出。所以造成一文两登的结果。

家审音析韵从严求细和群众作诗用韵要口语规范化和宽松简约相结合,适当照顾方言用语,达到口、眼、耳三治和谐,是当今诗韵改革要走的康庄大道。"这个结论和提法是否能为诗词界和诗韵改革者认可并达成共识,姑且不论。眼下笔者就以它为根据对两部改革新韵书作一比较。

一 从专家审音析韵从严求细衡量

"十四韵"和"九道辙"都以普通话和《新华字典》的注音为读音的依据,比较起来,"十四韵"比"九道辙"执行标准更严一些,没有降低普通话的语音标准,"九道辙"虽然押韵从宽,却在一定程度上降低了普通话的语音标准。从另一角度看,当普通话尚未成为全民语言时,方言和普通话两语并存条件下,"九道辙"比"十四韵"更开放、更包容、更适于过渡,放宽了尺度,包容的诗多。

"十四韵"称"支"韵为"零韵母"不准确、不科学。分韵十四部,从析韵角度看不完整、不系统、不严密。"九道辙"将"支"韵分为思韵和识韵,又设立19个韵目,沿用《中华新韵》十八个韵部,确立现代汉语39个韵母体系是科学、完整、系统、严密的。

先看审音。人们知道汉字是音节文字,一个汉字一个音节。传统音韵学把汉字音节分为两半,前半截音叫声,后半截音叫韵和调。代表声的字母叫声母,代表韵的字母叫韵母。现代语音学认为声母由辅音充当。"辅"者助也,辅音是辅助音节的,它发音时气流通路有阻碍。确切地说汉字的声母由清辅音担当,因为辅音分清浊,清辅音发音虽然气流受阻,但声带并不颤动,只有浊辅音声带才颤动。普通话只有鼻辅音是半浊辅音。n-、ng-后边必带韵母和元音，组成音节才能发出音响。韵母由元音或元音加辅音韵尾担当。发元音声带颤动，辅音韵尾如－n、－ng、－r只表示发前边元音时的成阻部位，不能延长。辅音韵尾也是不发音的。一个汉字一个音节，前面可以没有声母，叫零声母，仍能发出音来。如 a 啊、o 喔、e 鹅、i 衣、u 乌、ü 迂、ia 呀、ua 娃、uo 窝、ie 耶、üe 约、ai 哀、uai 歪、ei 欸、uei 威、ao 熬、iao 腰、ou 欧、iou 优、an 安、ian 烟、uan 弯、üan 冤、en 恩、in 因、uen 温、ün 晕、ang 昂、iang 央、uang 汪、ing 英、ueng 翁、iong 拥，33 个音节，33 个汉字。没有声母的音节汉字可以称为"零声母"音节，"零声母"汉字。但是，没有元音作韵母就不能发出音来。无韵不成音节，无韵不成汉字。在注音字母时代，由于音典编撰者所在时代科学发展达不到分析音素来制定国际音标水平的标准。因此，注音字母ㄓ、ㄔ、ㄕ、ㄖ、ㄗ、ㄘ、ㄙ几个声母后没有韵母音标出现，这情有可原，但不代表这几个声母的音节汉字没有韵母。"十四韵"的编撰者已处于利用国际音标分析音素的时代，竟然给"支"韵（i）后加"零韵母"去解释，以为既有"零声母"，必有"零韵母"相对应，恰恰是忘了构成音节汉字韵和韵母是必不可少的这一常识。《汉语拼音方案》韵母表列了 35 个韵母，只有 eng、ong 两个韵母分别注出"亨"的韵母，"轰的韵母"表示韵母前边必有声母，其他 33 个韵母就是 33 个音节，都能独立成字，没有"零声母"之称出现。可知"零声母"之说是人们对没有声母自成音节成字的称呼与解读。它有理可据，已约定俗成，人们已达成共识。而"零韵母"之说无理可据，只能是编撰者个人的主观臆断，经不起审音的推敲和分析。

　　再说析韵。韵母细分有韵头、韵腹和韵尾：韵头由 i、u、ü 充当，由于它介于声和韵之间，又叫介音，注音字母叫介母。押韵不管韵头如何，只要韵腹和韵尾相同就是同韵字，"十四韵"把韵腹和韵尾合称为韵身（韵身就是笔者以前所称的"韵基"，韵的基本音素），有的韵母没有韵头，只有韵身，有的韵母没有韵尾，韵腹即是韵身，韵目是韵身的眼睛、标目，代表字母。同身必同韵目，这是押韵须知的常识，i、er、ü不同身，但是"十四韵"称作齐韵部，o与e不同身却叫波韵部，eng、ong韵腹不同也不同身，却叫庚韵部，实际并未按"同身同韵"的标准划分韵部。"九道辙"列出普通话19个韵目，同身必同韵目，如麻a，开ai、uai，豪ao、iao，寒an、ian、uan、üan，唐ang、iang、uang，模u，侯ou、iou，波o、uo，歌e，皆ê、ie、üe，痕en、in、uen、ün，庚eng、ing、ueng，东ong、iong，齐i，思i[-ɿ]，识i[-ʅ]，儿er，鱼ü，微ei、uei，这就比"十四韵"的韵部划分标准科学了。"同身同韵"应是韵目划分的标准，而不是韵部划分的标准。

　　普通话到底有多少韵母？这是音典（韵书）制定者必须廓清的问题。中华诗词学会2005年5月颁布的《中华新韵》前言讲："以普通话为读音的依据，以《新华字典》的注音为读音依据将汉语拼音的35个韵母划分为14个韵部"（着重号为引者所加），很明显，它视普通话汉语拼音韵母为35个。诚然，《汉语拼音方案》韵母表列只有35个，但是表后有6条说明，特别是前3条证明韵母是38个，其中（1）条的-i是一星关二，分析如下：

　　首先，"知、蚩、诗、日、资、雌、思"等字的韵母用i。

　　"十四韵"的支韵用i作韵母和（1）的"知……资……"分字提法实质相同。既然用i作韵母，怎么能说i不是韵母，而把i称作"零韵母"呢？（1）条明明讲"知……资……"等字的韵母用i（着重号为引者所加）证明"知……资……"等字有韵母，不过-i既为"知……"等字的韵母，又为"资……"等字的韵母，一星关二罢了。《汉语拼音方案》认定 i 是韵母，它在 b、p、m、d、t、n、l、j、q、x 之后读 i 衣，在"知……资……"之后仍是韵母，不过读音起了变化罢了。

其次，韵母儿写成 er 用作韵尾时写 r。

"韵母儿写成 er"说明 er 就是汉语拼音字母对儿韵母的代表符号，"十四韵"韵母表中的"十二齐"（i、er、ü）内已经出现了 er，证明"十四韵"已经认为 er 是韵母了，怎么统计韵母数字时却只看汉语拼音韵母表内数却无视 er 韵母的存在呢？至于后句用作韵尾时写成"r"说明作韵尾的"r"是不发音的，只表示收尾时用它表示成阻部位。e 音可延长，er 音不能延长，故尾音音素用 r 表示。er 自成音节独立成字，不与声母相拼是该韵母的特殊所在。

再次，韵母 ㄝ，单用的时候写成 ê。

注音字母 ㄝ，单用时写成拼音字母 ê，说明拼音字母 ê 是韵母，不单用即与前边的介音 i、ü 和声母相拼时去掉"^"成 ie、üe、bie、lüe……"十四韵"说明"讲 ie、üe 韵身不是 e，而是 ê"，为什么 ê 作为韵身独立存在不叫韵母呢？既然是韵母为什么统计韵母数字时把它排除在外呢？"十四韵"的作者说"划韵时却增加了一层假面具"等，绕弯子徒增读者负担。《汉语拼音方案》韵母表后的（2）（3）两条"说明"前边都冠有"韵母"一词，为什么统计韵母数字时不把 er、ê 算进去呢？

《汉语拼音方案》韵母表 35 个加上 i、er、ê 不就是 38 个吗？

今天，时代已发展到分析音素，使用国际音标的阶段，汉语拼音字母 i 一星关二已不科学，可用国际音标为音素标音。在"知""蛆""诗""日"等"知"组字后的韵母用［-ʅ］表示，在"资""雌""思"等"资"组字后用［-ɿ］表示。[i] 就是专门表示 b、p、m、d、t、n、l、j、q、x 等声母后的韵母了。用现代语音学名词称呼，i〔-i〕是舌面前不圆唇高元音作韵母；i〔-ɿ〕是舌尖前不圆唇高元音作韵母；i〔-ʅ〕是舌尖后不圆唇高元音作韵母，一个音标一个韵母，分工仔细明确。"九道辙"将支韵（-ï）分为思韵；〔-ɿ〕和识韵 i〔-ʅ〕两个韵目，正是建立在利用国际音标音素析韵基础上从严从细的表现。这样一来《汉语拼音方案》韵母表内的 35 个韵母加上说明（1）（2）（3）的 i〔-ɿ〕、i〔-ʅ〕、er、ê 四个韵母就是 39 个韵母才是完整的韵母系统。

"九道辙"视普通话韵母为 39 个，为作诗析韵着想又归 39 个韵母为 18 个韵部（思韵和识韵合为一个支部，其他 17 个韵目即 17 个韵部）。19 个韵目，这是科学合理进步的表现。因为韵目是韵的标目，同身同韵恰恰是对韵目的解读。而"十四韵"不列韵目，视普通话拼音韵母为 35 个，无韵目的新韵和不准确的韵母数字统计只能是比"九道辙"落后。

以上综合分析，"十四韵"的"零韵母"之说在专家审音上站不住脚，又把韵部和韵目混同，分韵十四，失之于析韵粗疏，谈不上从严从细，说韵母为 35 个不完整系统，不合客观实际，从音典上看大有修改之必要。现将"九道辙"19 个韵目 39 个韵母体系列出：

"发"麻 a、ia、ua，"来"开 ai、uai，"高"豪 ao、iao，"战"寒 an、ian、uan、üan，"唱"唐 ang、iang、uang，"斗"模 u、侯 ou、iou，"乐"波 o、uo、歌 e、皆 ê、ie、üe，"风"痕 en、in、uen、ün、庚 eng、ing、ueng、东 ong、iong，"诗"思 i〔-ɿ〕、识 i〔-ʅ〕、齐 i、儿 er、鱼 ü、微 ei、uei。

二　从群众作诗用韵求宽松简约衡量

"十四韵"由于通押并韵比"十八韵"减少了四个韵部,但比起"九道辙"还是欠宽松包容。因为"九道辙"在总结群众作诗用韵通押的实践中将"十八韵"中的13韵统为4道通押韵辙,合计为九道辙。"十八韵"从黎锦熙、白涤洲1941年首创《中华新韵》到文伯题名的《诗韵新编》,作为新韵书使用至今已超过半个世纪,现将它与汉语拼音字母排列于下:

一麻 a、ia、ua,二波 o、uo,三歌 e,四皆 ê、ie、üe,五支(-ï),六儿 er,七齐 i,八微 ei、uei,九开 ai、uai,十模 u,十一鱼 ü,十二侯 ou、iou,十三豪 ao、iao,十四寒 an、ian、uan、üan,十五痕 en、in、uen、ün,十六唐 ang、iang、uang,十七庚 eng、ing、ueng,十八东 ong、iong。这十八韵部成为后来改革新韵书的基础。

"十四韵"是"十八韵"更换次第、更换部分名称和通押并韵的结果,十四韵和十八韵的对照如下(小括号内为"十八韵"):

一麻(一麻)、二波(二波三歌)、三皆(四皆)、四开(九开)、五微(八微)、六豪(十三豪)、七尤(十二侯)、八寒(十四寒)、九文(十五痕)、十唐(十六唐)、十一庚(十七庚、十八东)、十二齐(七齐六儿十一鱼)、十三支(五支)、十四姑(十模)。

从对照知:"十四韵"和"十八韵"有八个韵完全相同,即"麻""皆""开""微""豪""寒""唐""支"。除了麻韵未变次第,七个都变了次第,有三个韵更换了名称和次第,即七尤(十二侯),"九文"(十五痕),十四姑(十模)。有三个韵部是十八韵通押并韵而成,即"二波"(二波三歌)、"十一庚"(十七庚十八东)、"十一齐"(七齐六儿十一鱼)。"十四韵"通押并韵减少了四个韵部，这符合群众作诗用韵宽松简约的需求，应予肯定。但与"九道辙"比起来尚嫌不足，现将三部韵书分韵情况对照如下：（""内为辙、[]内为"十四韵"、（）内为"十八韵"）

"发"[一麻（一麻）]，"来"[四开（九开）]，"高"[六豪（十三豪）]，"战"[八寒（十四寒）]，"唱"[十唐（十六唐）]，"斗"[七尤（十二侯）十四姑（十模）]，"乐"[二波（二波三歌）三皆（四皆）]，"凤"[九文（十五痕）十一庚（十七庚十八东）]，"诗"[十三支（五支）十二齐（七齐六儿十一鱼）五微（八微）]。

从对照得知，"发""来""高""战""唱"五个专押的单一韵辙就是更换了"十四韵""十八韵"的"麻""开""豪""寒""唐"五个韵部的名称而已。"辙"和"韵部"完全相同。就此看来，韵辙就是韵部。而"斗""乐""凤""诗"四道韵辙分别包容涵盖了"十四韵"的"尤""姑""波""皆""文""庚""支""齐""微"九个韵部，涵盖包容了"十八韵"的"侯""模""波""歌""皆""痕""庚""东""支""齐""儿""鱼""微"13个韵部。这样看来通押的合成韵辙又比韵部宽敞，包容性大。由此推断通押的韵部，韵域放宽了只能叫"辙"，辙又大于韵部。用符号表示为"韵部≤辙"。

从前边"析韵"的比较又得知："十四韵"的所谓"零韵母"（支韵 -ï），实际上是两个韵母，我们称"资""雌""思"字后的韵叫"思"韵，"知""蚩""诗""日"等字后的韵叫"识"韵。代表韵的标目叫韵目。思韵 [-ɿ] 和识韵 [-ʅ] 无韵头，无韵尾，自身就是韵目，思 i [-ɿ]、识 i [-ʅ] 是两个韵目。

既然支韵实际是思韵和识韵两个韵，两个韵目，"十八韵"就应该是19个韵目。除了思识剩下的17个称韵部，韵目都合适，

"十八韵"、黎氏"十一辙"、高氏《新诗韵十道辙儿》以及在群众中口耳相传的"十三辙"都未立韵目,笔者认为有韵目比较科学、系统、完整。有了韵目韵就有了眼睛,有了对韵身的称谓,便于认读称呼,韵目、韵部、韵辙三者的关系如下:

韵目 ≤ 韵部 ≤ 韵辙

这就是说,韵目是最小的基本单位,是韵身的标目,它是韵腹和韵尾结合体的名称,前边可以有韵头组成完整的韵母,没有韵尾的韵目就是一个元音或几个元音的组合。在"十八韵"中除了支韵可细分为思韵和识韵两个韵目外,其余 17 个韵部就是 17 个韵目。"九道辙"沿用"十八韵"的韵部名称,分韵十八部是将"支"韵看作一个韵部,共 19 个韵目是增加了"支"韵部分出的"思""识"两个韵目。乍看起来似乎繁了一些,但从音典析韵从严从细科学系统完整考虑来说是必要的,"九道辙"有五道专押的单一韵辙等于 5 个韵部 5 个韵目。目、部、辙之间都可用等号。四道通押的合成韵辙有 13 个韵部,14 个韵目,这样韵辙 > 韵部 > 韵目。"九道辙"用韵 9 辙,析韵 19 韵目,归部 18 部,比较系统完整。

"十四韵"不设韵目,立 14 个韵部,从音典上看析韵不完整、不系统、不严密,从用韵上看又不够宽松简约,应该修正。至于它否定通押特别是"说明"中点名 en、eng 不应再通押,留下文专题讨论。

三 简要追溯诗韵发展历史,看诗韵改革的趋向

诗韵发展从隋陆法言等撰《切韵》到宋陈彭年等重修《广韵》,韵部由 193 个增加到 206 个,增加了 13 个韵部。走的是审音从严、析韵从细的路子,而由《广韵》到丁度等修改的《集韵》《礼部韵略》,直到金人王文郁编的《平水新刊韵略》(简称

"平水韵"），韵部由 206 减到 106 部，走的是合并邻近韵部押韵从宽的路子。因为《广韵》完全依据《切韵》体系，分韵特别细密，士子作起诗来"苦其苛细"，文人写诗用韵也实在麻烦。最早唐初礼部尚书许敬宗奏准邻韵可以合用，即某些音近的韵部可以通融使用，叫作"同用"，不能通融使用的叫作"独用"。这样就放宽了尺度，经清人戴震考定现在《广韵》206 个韵目中，"独用"的仅 43 个，其他 163 个都可"同用"，这是最早放宽尺度的记载。到《集韵》时（1039），丁度等标注的"同用"例将《广韵》206 韵并成 109 韵，金正大六年（1229），王文郁又将"同用"部合并，成为 106 韵，这 106 韵到清康熙年间又被钦定为《佩文诗韵》，由于科举应试，清廷用政治力量推行这个"官韵"一直沿用几百年。一般说诗韵就是指"平水韵"。"平水韵"是切韵系韵书，它不代表单一的语音系统，而是以读书音为主，综合了南北方音、古今字书的结果。《切韵序》中讲，隋仁寿元年（601）陆法言与刘臻等八人在自己家讨论声韵，所谓"因论南北是非，古今通塞"，并"烛下握笔""随口记之"。十数年后法言"遂取诸家音韵，古今字书，以前所记者定之为《切韵》五卷"。可见它基本上是以当时的读书音为主要依据，兼收其他重要方言的某些音类，掺合六朝以来各家韵书的反切，定出了大体上反映当时实际的音韵系统。

清嘉庆年间江苏吴县人戈载编的《词林正韵》放宽了诗韵韵脚的尺度，打破了四声的限制，分词韵 19 部，不立韵目，只用"一""二"标目，其中舒声[①]14 部，促声[②]5 部。若把舒声 14 部

[①] 舒声指平、上、去声，因发音舒展故为舒声。
[②] 促声指入声，因发音促短故为促声。

按平、上、去声调分开计算，就是42部，比"平水韵"106部减少了59个韵目。所以《词林正韵》还是在切韵系的韵书里转圈子，若把19部加以剖析，其中14部97个韵目与"平水韵"完全相同，仅有5部9个韵目一分为二，充其量《词林正韵》不过是"平水韵"的大致合并罢了。不过就诗韵发展的趋势看，词韵通用增多，押韵从宽，给人们展示了从宽从简的前景。

切韵系韵书从隋陆法言等撰的《切韵》193韵到宋陈彭年等重修的《广韵》206韵，到唐初许敬宗奏准"同用"163韵，再到丁度修编的《集韵》并206韵为109韵，直至金人王文郁编的"平水韵"106韵和清人戈载《词林正韵》的19部，可以看出旧韵书由繁到简的发展趋势。

《词林正韵》是旧诗韵"平水韵"的延伸，而《中原音韵》是诗韵改革的首创。它变综合南北之音为中州音，元人周德清根据当时北曲剧作如关汉卿、马致远等人的戏曲作品的押韵用字情况编纂出一部曲韵韵书——《中原音韵》，开创了诗韵改革的先河。它把《广韵》中韵腹相同、韵尾相近的韵部作了大量的合并，分韵19部（1东钟、2江阳、3支思、4齐微、5鱼模、6皆来、7真文、8寒山、9桓欢、10先天、11萧豪、12歌戈、13家麻、14车遮、15庚青、16尤侯、17侵寻、18监咸、19廉纤），如第四部"齐微"是由《广韵》的"齐""祭""废""微""之""灰""支""脂（部分）"8个韵部合并而成，第七部"真文"是由《广韵》"真""谆""臻""文""欣""痕""魂"7个韵部合并而成，第六部"皆来"是由《广韵》"咍""佳""皆""夬""泰""灰（部分）"6个韵部合并而成，第十五部"庚青"是由《广韵》"庚""耕""清""青""蒸""登"6个韵部合并而成。至于合并《广韵》三、四部为《中原音韵》一部的就更多了。

《中原音韵》"平分阴阳，入派三声"和现代普通话声调一致了。准确地说，现代普通话阴平阳平之分自元代始，入声字分派到阴平、阳平、上声、去声里也是从元代始。普通话没有入声，《中原音韵》也没有入声韵了，高元白先生说："汉语发展到元代入声已在消失的道路上变化，可能那时入声还有遗迹。"这是比较客观的认定，因为现代普通话虽无入声，而方言里还有入声存在，《中原音韵》是中州音，中州音接近现代汉语普通话，尤其是"平分阴阳，入派三声"更是现代普通话声调的写照。

《中原音韵》还改变切韵系韵书的"以调统韵"为"以韵统调"韵统四声，同一韵部的字平上去可以通押，声调不作为韵部的条件，故而不另立上去两韵的韵目，这样安排既便利押韵，也促成韵部减少，增强了诗韵的实用价值。

承接《中原音韵》进行诗韵改革的首推"十三辙"，它是明清以来北方曲艺和戏剧唱辞中口耳相传流行的韵谱，是群众用韵求宽松简约的自然选择。1939年张洵如才把它整理成《北京音系十三辙》。"十三辙"韵统四声，辙分十三，实质上是《中原音韵》并韵改名的结果。排列如下（[ ]内为《中原音韵》韵部）：

一"中东"[13庚青、1东钟]；二"江阳"[2江阳]；三"衣欺"（一七）[5鱼模]；四"灰堆"[4齐微3支思5鱼模]；五"由求"[16尤侯]；六"梭波"[12歌戈（东遮）]；七"人辰"（小人辰）[7真文17侵寻]；八"言前"（小言前）[8寒山、9桓欢、10先天、18监咸、19廉纤]；九"发花"[13家麻]；十"乜斜"[14车遮（皆来）]；十一"怀来"[6皆来]；十二"姑苏"[5鱼模]；十三"遥条"[11萧豪]。

从语音学角度分析，由《中原音韵》到"十三辙""侵寻""监咸""廉纤"三个唇鼻辅音韵尾［-m］消失，保留了舌鼻辅音韵尾［-n］的真文更名为"人辰"辙，保留了舌鼻辅音韵尾［-n］的"寒山""桓欢""先天"且三韵通押并合为"言前"辙。"十三辙"没有入声韵，阳声韵由［-m］［-n］［-ŋ］三个减少为［-n］［-ŋ］两个，即为"人辰""江阳"两辙的由来。它完全符合北京音系。可是它把《中原音韵》的"齐微"韵分为三"衣欺"（一七）四"灰堆"，把《中原音韵》的"鱼模"韵又分为十二"姑苏"三"衣欺"，实际上第一个"衣欺"指 i 韵，第二个"衣欺"指 ü 韵，"姑苏"指 u 韵。它把《中原音韵》的"支思"称作"小辙儿"。实际是指［-ɿ］［-ʅ］er 三韵。由于没有注明音标，且 4"齐微"5"鱼模"3"支思"在"十三辙"里分化成三"衣欺"四"灰堆"十二"姑苏"和"小辙儿"，令人费解，含混不清。所以从制定音典析韵审音求严从细看，"十三辙"尚有缺欠。

在"十三辙"流行期间，语言学家赵元任 1922 年在美国哈佛大学编著了《国音新诗韵》，这是在 1921 年《国音字典》问世后第二年出版的韵书，它改"平水韵"的综合音系为单一的北京音系，故称《国音新诗韵》。它比"十三辙"系统完整而严密，审音析韵非常精细，但它上承"切韵"体系，以阴平、阳平、赏（上）、去、入五声为纲，分韵 103 个，人们作诗用韵嫌它烦琐，派不上用场，于是渐渐地自然终止了韵书的生命。由于《国音新诗韵》违背了群众的意愿和诗韵发展趋向简约的规律，所以，笔者称它为诗韵发展长流中的回旋。在音系上回头看，在用韵上太烦琐，谈不上改革的新韵书。

黎锦熙、白涤洲先生汲取了教训，把专家析韵从严和群众用韵求宽结合起来，于1941年编撰出《中华新韵》十八韵部。它把"十三辙"的"梭波"辙分为2"波"与3"歌"，又标明"波""歌"互通；把"衣欺"辙分为5"支"6"儿"7"齐"，又标明"支""儿""齐"互通；把"中东"辙分为17"庚"18"东"，又标明"庚""东"互通，称"姑苏"辙为"模"韵，称部分"衣欺"辙为"鱼"韵，又标明"模""鱼"互通；其他的改两字辙名为一字韵名"发花""麻"，"乜斜""皆"，"灰堆""微"，"怀来""开"，"由求""侯"，"遥条""豪"，"言前""寒"，"人辰""痕"，"江阳""唐"。《中华新韵》十八韵部从1941年中华民国政府教育部颁布以来一直沿用，中华人民共和国成立后更名为《诗韵新编》（1965年中华书局出版），1978年和1981年上海古籍出版社相继出版并且多次印刷，在全国影响颇大。

  黎锦熙先生在1949年后并未停止诗韵改革的步伐，他根据诗韵发展趋向简约和群众用韵求宽松的需要，又将"十八韵"并合为十一道辙。遗憾的是后逢"文化大革命"大动荡，此说未成书而他已病故。他说："今天既有《汉语拼音方案·韵目表》所反映的北京音系作分韵的标准，又通过语音科学的分析归纳，正规的韵母定为十八部——单韵母a（麻）o（波）e（歌），补上ê（皆）ï（支）er（儿），还有i（齐）u（模）ü（鱼），复韵母ai（开）、ei（微）、ao（豪）、ou（侯），鼻韵母an（寒）、ang（唐）、en（痕）、eng（庚）、ong（东）。其中音近通押的，即o（波）通e（歌），ï（支）、er（儿）、ü（鱼）、ei（微）都通i（齐），ü（鱼）又可通u（模），ong（东）通eng（庚）。于是十八韵减为十一道辙。"十一道辙"没有立辙名，韵书也未和世人见面，而并韵合辙显而易见。

高元白先生接续黎先生诗韵改革的事业，从理论和实践的结合上提出了"音典审音应从严，诗韵定韵宜从宽"的主张，在黎氏"十一道辙"和十八韵部通押的基础上，大胆突破，无畏创新，另立新辙名，撰写出《新诗韵十道辙儿》，由陕西人民出版社 1984 年出版。其辙名与汉语拼音字母如下：

一"发"a、ia、ua；二"歌"e、o、uo；三"写"ê、ie、üe；四"诗"ï、i、ü、er、ei、uei；五"来"ai、uai；六"高"ao、iao；七"斗"u、ou、iou；八"战"an、ian、uan、üan；九"唱"ang、iang、uang；十"风"en、in、uen、ün、eng、ing、ueng、ong、iong。口诀为"写诗歌，来战斗，风发高唱"。联语为"高唱风发歌；来写战斗诗"。

"十道辙儿"与"十一辙"比较，有六道辙是更换了十一辙中"十八韵"的名称，即麻"发"、皆"写"、开"来"、豪"高"、寒"战"、唐"唱"，有四道辙是十一辙中"十八韵"通押的结果，其中两个是通押重新命名的，如"波""歌"，"支""儿""齐""鱼""微""诗"，两个是扩大了十一辙的通押范围，又重新命名的，如"模""侯""斗"，"痕""庚""东""风"。

这样看来，就通押而言，高先生扩大了黎先生三个通押范围，即"模侯""歌皆""痕庚东"。至于黎先生的"模""鱼"通押，高先生用"诗斗"分韵辙命名，高先生还发现了"歌""皆"通押用"写歌"分韵辙命名。因此笔者把《新诗韵十道辙儿》称作"黎高新韵"。

笔者在学习宣传"黎高新韵"的过程中发现"波""歌""皆"三韵都可通押，于是成立"乐"辙，取消"歌""写"两辙和"写歌"分韵辙。发现"微""开"两韵通押，立"诗来"分韵辙；"齐""波""歌""皆"通押，立"诗乐"分韵辙。

1992年在山东威海音韵学国际学术研讨会上提交《诗韵的起源发展和改革》论文，大会交流第一次提出"九道辙"的主张。1995年出版《诗韵探新》系统地对"九道辙"的科学性与可行性加以论证。2005年编纂了51万字的《九道辙》新韵书。笔者又沿用了"十八韵"中十七韵部作为韵目，仅把"支"部分为"思"韵和"识"韵两个韵目。19个韵目既接续了"十八韵"的称呼，又体现了新韵从严从细的完整要求。这样九道辙十八韵部十九个韵目三十九个韵母的音典编著就算完成了。

因此，笔者所编著的《九道辙》实质上是"黎高新韵"的延伸。

纵观韵书演变史，由综合音系到单一音系，由四声统韵到韵统四声，由身兼字书词典到单一韵书，由书面音到口语音，由繁到简。总之，口语化简约化是总的趋势。把专家析韵从严和群众用韵求宽相结合是诗韵发展改革的必由之路。

莫忘党恩良师友　惜时自励勤奋蹄
（后记）

这本跨度二十多年的文集终于要面世了。内有《诗韵探新》专著所列原始文章，有《九道辙》关于诗韵改革的论述，更有对《中华新韵（十四韵）》的多次评论。

《中华新韵（十四韵）》是一部有权威的新韵书。它为诗韵改革，给社会增添了正能量，其功不可低估。不过，金无足赤，还有再上新台阶的空间。该韵书出版前后，我曾写了几篇小文建议修改，未见反响。由于此前我也撰有《诗韵探新》专著和《九道辙》新韵书，故又陆续写了些通押并韵的评论和以前专著、韵书自序的论述汇聚成文集出版，望能得到回应。

我不是诗人词家，因受高元白先生熏陶，在古汉语教学中，尤其是音韵学选修课的教学中逐渐地对诗韵及其改革产生了兴趣。退休后，历经二十多年研讨，愿在改革大潮中对宣传黎高新韵有所作为。结集出版文集和出版专著、韵书一样，算是学习黎高新韵的又一心得吧。

研讨诗韵改革使我深切地认识到：诗韵发展改革不是某个或

某几个专家权威闭门造车能办成的事，而是广大诗人和韵文工作者长期探索实践的历史总结。创新、协调、绿色、开放、共享的发展新理念在发展改革新诗韵中应该有所体现。回顾韵书发展史，面对当今诗坛现实，提倡创新，不忘协调，突出特色，要有包容，牢记绿色、开放，不搞伤害、关门，人人参与，大家共享，面向广大诗众且按规律进行。因此创新寓协调，通押现包容，是我诗韵探新始终不渝的坚定信念。

回顾我七十多年的人生历程和20多年诗韵探新的实践，感恩之情不禁油然而生。

是共产党和人民把我由12岁的孩童培养成大学教授。初中3年毕业上师范，吃饭不花自己的钱，师范毕业报名上陕北教小学，不料被选送考入师范学院。4年本科学习领取甲等助学金，还被照顾不间断地业余教小学和中学。毕业后本该去中学任教，不料又被留作大学助教。尽管一度受挫调离高校，而在9年中学教师和4年县广播站记者任职期间，又受所在单位的关怀照顾，有病住疗养所吃小灶，有成绩受到各级领导表彰，优秀、先进称号不断。十一届三中全会后再返高校重操古汉语教学旧业。入民进、入共产党、省市民进优秀会员、学院优秀教师、优秀共产党员，教学优秀成果及各种科研奖不断获取都是党培育的结果。由讲师、副教授、教授，直至学院教学名师，哪一段能离开党的培养？任职期间出外短期进修，参加各种学术会议，提高业务水平，退休后又让我继续教了三四年的课，有12年被聘为教学督导，在省市语言学会、市毛泽东诗词研究会等学术团体任职……哪一步成长能离开党的关怀教育？我是党培养成长的幸运儿！永远忠于党和人民，在新时代乐献余热度晚年，还要教育子孙后代，永远跟党走正道！永远做党和人民的好儿女！

成长莫忘党培养，前进要记引路人。我不禁缅怀小学、中学、师范、大学的语文老师，是他们让我爱上了语文课。在这里我要特别提出的是陕西师范大学中文系前主任高元白教授。是高先生指引我走上古汉语教学研究的道路。困难时期，作为高先生的助教，为高先生《古代汉语》作品选及常用词作注释和校对工作本是我分内的事，而高先生腾出系主任办公室让我批改学生作业和进修业务，已属特殊照顾，20世纪60年代初，有一次还让小女儿高振秀端来一碟牛肉给我熬夜补身体（当时我有肺结核病，西安结核病院给开了半日工作半日休息证明，我却经常熬夜）。在极"左"年代搞"教改"运动，古汉语课被砍掉，语言教研室被解散，我也被"运动"出高校。是高先生在"文化大革命"后极力推荐我返高校任教，我在宝鸡文理学院教古汉语，先生远在陕西师大，又是先生介绍我参加中国音韵学会在武汉举办的汉语音韵学研究班学习三个月，先生认真审阅我的学习笔记，敦促我早日开设音韵学选修课。还是高先生引荐黄季刚的一位学术传人饶钦农先生与我交友。高先生赠自己学术新著和音韵学讲义让我学习，引导我一步步走上诗韵改革探新的道路。高先生多次鼓励我在中国音韵学会和国际学术研讨会上坚持诗韵探新，大胆争鸣。高先生是我的恩师，他虽去世多年，却永远活在我的心中！

　　陕西省语言学会、中国音韵学会多次为我提供省内和国际学术研讨会的机缘，让我在学术交流中得到启示和鼓舞。省语言学会曾推举我担任第三届常务理事兼宝鸡专业委员会主任，让我在实践中历练担当，为我在学术团体活动中积累了经验……这些往事并不如烟。我要感谢各届领导。不忘本才会更好地面向未来！

　　《宝鸡文理学院学报》《西部论坛》《祁连论丛》《宝鸡社会

科学》，尤其是《看今朝》为我提供了语言研究、诗韵探新、坚持学术争鸣的园地。这些刊物不管是公开发行还是内部刊载，我都不能忘记编辑们对学术研讨百家争鸣的支持！

把我从宝鸡高校及语言学界引入宝鸡诗词和毛诗会学术团体的是刘启哲先生和王耀林先生。是刘启哲先生几次邀我为两个学术团体作报告，喜为《诗韵探新》和《九道辙》作序评，推荐我为宝鸡诗词学会顾问，安慰、鼓励我坚持诗韵探新，他曾说："若干年后，《九道辙》一定会在社会通行。"王耀林先生是宝鸡毛诗会的首创人，他主编《当代西秦百家诗词选》，邀我写诗入编，热情引我加入宝鸡毛诗会，又推荐我担任第二届毛诗会副会长……刘先生虽已作古，但他的音容笑貌至今仍常在眼前。王先生耄耋有几，仍坚持诗词创作著述，关心毛诗会工作，是我学习的榜样。

宝鸡毛泽东诗词书法研究会第二、三、四届会长吴培杰、陈同钢、赵太国及先任副会长张润棠、窦孝秦等先生既是我的文友，又是鼎力支持我诗韵探新的后盾。是他们为我提供了研讨报告的机遇和场所，开辟了学术争鸣园地。这一次毛诗会换届，第二届、三届会长让贤，推举我担任名誉会长，使我受宠若惊！我只是年长几岁，在高校为本会发展了几十名会员，写了一些文章而已，这些都是会员应尽的义务。这些文友们思想政治觉悟、社会资历都比我高，文章、诗词、书法和对毛诗研究会的贡献都比我大。我要向他们学习，继续认认真真做事，本本分分做人，把学习宣传毛泽东诗词当作毕生的任务！

文集出版前让文友批评指导，文友们对我的文集和残年献余热的举动给予高度赞扬和鼓励，我再次表示衷心的感谢！文友中有的惯用"平水韵"或"十四韵"写律诗绝句，认为以普通话语音为标准,标准不能降低,电脑系统检测把不合标准的立即反映出来,用"十四韵"得心应手,还有文友说自己方言里没有"文""庚"通押的现象,个别方言区不是普遍现象,"波皆"通押讲得透,我也赞成。

是的!过分强调通押并韵,纵任方言字韵入诗,必然对普通话标准有损害。包容有度,这个度大有研讨之必要。通押有附加条件,我的文集末篇有论述,文集对通押强调得多了些,易生误解,感谢文友坦言!疑义相与析是挚友之道。兼听则明,偏执则暗,辩证思考防止片面性和走极端很有必要。"九道辙"如能普及,也必须要有电脑检测现代化的手段协助。再次对文友坦言表示感谢!

还有文友撰文说诗韵探新符合毛泽东"求新并非弃旧"的要求。我所主张的合成韵辙,尤其是分韵辙的建立和探讨确实有旧诗韵的遗迹,完全以普通话为语音标准的诗不会有此现象。至于说对诗韵的不断探新就是促进中国诗歌走发展之路,这样的登高望远、鸟瞰全局我还做不到,感谢文友的指引!宣传毛泽东诗词及其主张,见缝插针,文友又为我提供了效法的榜样。

宝鸡文理学院司晓宏院长鼓励科研创新,对于退休教师还许诺有创新成果者可以特批。院党委白黎书记在院离退处庆贺八十岁寿星诞辰会上知道我用此书向十九大献礼,高兴地表示"愿向社科界推荐,争取获奖"。这些话对我鼓舞极大。在职期间我没有赶上科研立项的美好时光,退休20年还能有"特批"和向外推荐成果的机遇,真是做梦也想不到!我年逾八旬,甘作改革诗韵的一名老兵和马前卒,我属相牛,夕阳苦短,要不待扬鞭自奋蹄!

感谢窦孝秦先生为文集题写书名。

这次文集出版，反复校对，起初宝鸡文舫印刷厂的邓燕女士为书稿设计版面、录入排版，数易其版，书稿印出后先呈宝鸡文理学院党委作为向十九大的献礼，再又按程序书面向离退处、文传院（原中文系）、社科处，直至院长书记申请资助，历经大半年，终被院长和院纪律检查委员会批准审核，交由中国社会科学出版社，出版社责任编辑熊瑞女士严格把关、精心校改，这期间，社科处长桑晓靖女士和文传院院长兰拉成热情支持，尤其是文传院副院长孙新峰代为奔波其间，令人感怀。在此，对各位领导、女士、先生的严格把关、鼎力支持，表示真诚衷心的感谢！向各位敬礼了！我的83岁老伴儿穆惠文几十年操持家务，十多年关照我的病体，对出这本书由反对转为支持并精心核对，我也要感谢她和子女们的支持关心！

2017年10月草，2018年11月底修改于宝文理7号楼405室